人気ブロガーさんちの最強プチプラ収納術

幸運を引き寄せる冷蔵庫

sumiko
サチ
MI
まどなお

講談社

Prologue

冷蔵庫収納にも幸運を引き寄せる法則があった

なぜか気になるのが、よそのお家の冷蔵庫事情。そこで、本書では整理収納上手の人気ブロガーさんちの冷蔵庫の在庫管理術を徹底取材しました。

取り出しやすくする配置と工夫、目からウロコの在庫管理テクで、「無駄なく、食べ切る、使い切る」を実行していました。冷蔵庫から始める無駄なし食材の買い方と使い方、電気代＆食費の節約ワザなど、人に見せたくなる収納ワザは必見です。

おすすめのプチプラ商品を使って、おしゃれな小ワザでスッキリ整え、掃除もラクな冷蔵庫収納＆食品保存法のアイデアお見本帖。

冷気の循環がよくなる工夫、ひと目で見渡せる工夫、食べ忘れを防ぐ工夫……。ご自宅の冷蔵庫、ライフスタイル、好みに合ったアイデアをマネできればモチベーションもアップ！

日々、無理せずに少しずつ暮らしを整えて、ご自身やご家族との幸せな時間が増えますよう願っております。

冷蔵庫を整えるとこんないいことが起きます

効率を考えた収納	食材・電気の無駄を なくして賢く節約
■ 家事の時短になる ■ 節電になる ■ 自分の時間が増える ■ 自信が持てる ■ ストレスフリー	■ 買い物上手になる ■ お金が貯まる ■ やりくり上手になる ■ 掃除もラクになる ■ ごみの軽減

幸運を引き寄せる冷蔵庫が完成！

Contents

Part 1
みんなの冷蔵庫、見せてください

Prologue
2 冷蔵庫収納にも
  幸運を引き寄せる法則があった

8 **No.1** sumikoさん
   料理が苦手なコンプレックスから生まれた
   探さない冷蔵庫でストレスフリー！

22 **No.2** サチさん
   料理が苦手な私がたどり着いた
   家事時短の冷蔵庫

36 **No.3** MIさん
   少しの工夫で気持ちにゆとりを
   見せる収納で暮らしが豊かに

50 **No.4** まどなおさん
   買いだめしても食材が埋もれない、使い切れる
   子育てママを応援する冷蔵庫

Column 1
64 効率を考えた
   シンプルなドア外の活用法

この本をお読みになる前に

- 本書に掲載されている情報は、2019年6月末現在のものです。
- 商品の仕様や価格は変更になる場合があります。現在は販売終了で入手できないものもありますので、あらかじめお店やホームページでご確認ください。
- レシピの計量の単位
  1カップ=200cc(ml)、大さじ1=15cc(ml)、小さじ1=5cc(ml)です。
  適量：適切な量を加減して入れてください。
- 食材を洗う、皮をむく、へたや種、石づきを取るなど、下ごしらえの記載を省略している場合があります。

Part 3
島本先生教えて！
冷蔵庫の
おいしい知恵袋

82 目からウロコの冷蔵庫のトリセツ

84 各部屋の最適な使い方と活用方法

Column
86 使いこなし�得情報

88 冷蔵・冷凍保存の基本

Part 2
冷蔵庫がおいしくしてくれる！
私の常備菜＆
保存食

66 No.1 sumikoさん

68 No.2 サチさん

70 No.3 MIさん

72 No.4 まどなおさん

Column 2
74 ブロガーさんが選んだ
収納におすすめグッズコレクション

Column 3
76 ブロガーさんが選んだ
掃除に欠かせないアイテムを一挙公開！

Column 4
78 適材適所にラベリングコレクション

番外編
80 卵は専用ケースに
入れる派、入れない派？

月に1回、爆買いをしてきました。
さあ、冷蔵庫の出番です。
食材が埋もれない、
食材を使い切る、
とっておきの方法が知りたい！

Part 1

みんなの冷蔵庫、見せてください

冷蔵庫はどこの収納より、試行錯誤をくり返す場所。探さない、埋もれない工夫や料理の時短ワザの数々。その結果、食材を無駄なく使い切ることができ、家事も時短に。ライフスタイルに合った在庫管理術をご紹介しましょう。

冷気も回っています！

No.1

料理が苦手なコンプレックスから生まれた

探さない冷蔵庫でストレスフリー！

name：
sumikoさん
ブログ「コレカラ」

DATA		
family: 夫、男児6歳	profile: 千葉県在住。子供の誕生で一変した暮らしを機に、体力の衰えた高齢ママでもこなせる家事の仕組みと、暮らしやすいインテリアスタイルを模索。その記録を綴ったブログ「コレカラ」、またインテリアコーディネーターとして、ライフスタイル記事をメディアにて執筆中。	type: 日立 R-HW60J (602L)

自分レベルの料理が作れる程度でOK

若い頃から仕事が不規則で外食続き、健康的な食生活に人一倍憧れがありました。一方で、料理技術を追求する能力も時間もないまま子育ても加わって……、ようやく、健康的で、とにかく時短、そして無駄を出さない台所仕事のシステムができ上がったこの数年です。料理好きの母のように、ギュウギュウの冷蔵庫から「あるもので何か作ろうか?」は、できるようにはなれなかったけれど……。身の丈に合った今の冷蔵庫がお気に入りです!

幸運を引き寄せる黄金ルール

Point 3
"フリースペース"が、乱れないコツ

料理は自分しかしなくても、何かと家族の物が入り込む冷蔵庫。全体が乱れないためには、ガチガチに決めすぎず、家族が自由に使えるフリースペースを。

Point 2
簡単グルーピングで、徹底的美収納に

ラベリングや半透明容器で"見える収納"は、ごちゃつきを感じて苦手。だから、わかりやすくグルーピングして、真っ白BOX収納&ラベリングなし!

Point 1
週に一度の「空っぽ」で、掃除しやすく

週末にまとめてする常備菜作りのおかげで、野菜室や常備菜スペースが週に一度スッキリ片づくリズムが定着。定期的な拭き掃除も無理なく継続。

sumikoさんの冷蔵庫オープン！

開けても引いても"ワンアクションで見渡せる"

冷蔵室スペース

"定位置化されたスペース"と"フリーなスペース"。それぞれの段の特性に適した使い方で乱れない！

- 取り出す頻度の低いもの
- よく使うものを細長BOXで取りやすく
- 週に一度空になる常備菜ゾーン
- 調味料

My rule

■上半分は奥が見えにくいので、手前側と奥側とで二層に物を置かないように！
■下半分は、常備菜スペースにして、週に一度は空っぽ＆拭き掃除で清潔キープ！

細長いボックスなら、引き出せば、一度に奥まで見える

特に見づらい最上段は、詰め替えの時だけ取り出す調味料の大瓶など、使用頻度の低いものを。2段目も細長いボックスで引き出せば奥まで管理できるように。左から、チーズやナッツなどのおやつ、消費期限の短い豆腐や油揚げ、毎日登場する納豆やキムチ、一番右は卵。使用頻度でグルーピングすれば、同じようなタイミングで消費期限をチェックしやすい。

下2段は、常備菜スペース。余ったスペースは調味料収納に活用

大きな鍋もそのまま入るブランクスペースに週末まとめて作った常備菜を収納。週に一度スッキリ片づくタイミングでアルコールで拭き掃除できるので、衛生管理も楽チン。少しだけ余ったスペースは、出しっ放しだと邪魔になる塩や砂糖などの調味料収納スペースに。

収納グッズのここがオススメ！

ステンレスボウル＆丸ざる＆プレート
蓋にもなるプレートのおかげで、ステンレスの冷却効果抜群。洗った葉物野菜を保存すればパリパリに。
▶ラバーゼ

ロックトップコンテナ 0.9L Mスクエア
毎週内容が違う常備菜は、横から見ても中身がわかる容器で。真横にしても汁がもれない！
▶OXO

アレンジスライドボックススリム ホワイト
冷蔵庫の奥行きをカバーして深さもちょうどよい。引き出しやすい形状もgood。
▶Seria

ワインラック
調味料の大瓶の定位置化に便利！ クリアなので悪目立ちしないのもお気に入り。
▶inter Design

ドアポケット

両開きドアのメリット、デメリットを生かしきって。無駄のない開閉ができるように。

**なかなか使わない
グループはひとまとめ**

使用頻度の低い調味料は、ひとまとめにしておきます。たまに使う時についでに他の調味料の消費期限もチェック。

料理が苦手でも気分が上がる！
美しくて使いやすい容器で統一

液体調味料は、「iwakiの密閉醤油差し（250㎖）」に詰め替えて、市販のボトルのままでは、ばらつきがちな注ぎ具合を一定化。ふりかけるものも「iwakiのふりかけボトル」に詰め替えて揃えて、見た目もスッキリ。

My rule

- 両開きドアなので、来客時も意識！堂々と開けられる美収納をキープ。
- 使うタイミングが一緒のものをまとめて、無駄な開閉のないドアポケットに。

時短調理に欠かせない発酵調味料

ボタン一つですぐにでき上がる低温調理器で、塩麹やしょうゆ麹などの発酵調味料を欠かさず作って冷蔵保存。最下段には、牛乳パックで作ったヨーグルトも常備。

家族のフリースペースを一つ

ジュースや栄養ドリンクに、酒のつまみ（汗）、たまに入り込む夫の嗜好品を自由に放り込んでOKのスペースを1ヵ所キープ。見えない収納が苦手な夫には、BOXなども使うのはNGなので、ここだけ賑やか。でもこのおかげで、他の場所が乱れません。

収納グッズのここがオススメ！

マヨネーズスタンド クリア

固定しやすいスタンドで、マヨネーズ、ケチャップ、後ろにソース、チューブからしとわさびを収納。
▶Seria Ⓐ

仕切り3トレー

愛用中のiwakiのボトルサイズにぴったり。ドアの開閉で動かないようにこのベースで固定化。
▶Seria Ⓑ

チルド室

いざという時には大きな
フリースペースにしたいから。
サッと移動しやすい収納スタイルに。

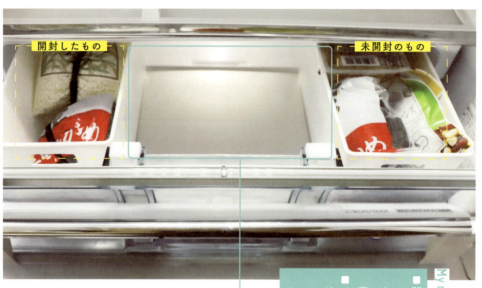

開封したもの　　未開封のもの

"開封済"と"未開封"で
グルーピングして
BOX収納に

塩蔵わかめなど消費期限の長い冷蔵品の定位置。たまに覗く時に他にも消費期限は大丈夫かチェック。

ぽっかり空いた
スペースも大事

普段から真ん中は、ぽっかりフリースペースにして、常備菜作り前にまとめ買いした肉や魚を仮置き。さらに両脇のBOXをサッと移動すれば、大皿料理の仮置きスペースになったり、予定外の大きな頂き物や、たま〜に夫が釣ってきた大きな魚が入ることも。

My rule

● 開け閉めしにくい場所なので、比較的出し入れの頻度が少ない消費期限の長い冷蔵品を収納。
■ イレギュラーな大きなものができた時に、大きな空きスペースに早変わりできるフォーメーションに。

収納グッズのここがオススメ！

**ライナケース
スリムL型 ホワイト**

大物を入れたい時にサッと移動できるようにボックス収納が便利。
▶Seria

冷凍引き出し

"念のため"の保管品や、家族がフリーに使える冷凍スペースとして活用。

とりあえず保管のものをゆるく収納

非常時用のアイスノンや捨てようかどうしようか迷う保冷剤、夫のナゾめいた手作りの釣り餌（汗）など。

My rule
■ここのおかげでメインの冷凍庫は乱れない！いわば、冷凍バージョンの家族のフリースペース。
■使用頻度が少ないのに、念のためとつい保管してしまうものが多数。半年に一度くらいは整理整頓が必要。

製氷室 【番外編】

この氷、いつ作った氷？
氷の保存だけじゃもったいない。
変化球で活用も。

しそジュースの原液を凍らせて
炭酸水を注いで、涼しげな飲み物にしたり、かき氷器で削ったり。

ロック用の氷も！
子供の小さい時の大人気だった水遊びのおもちゃに、ロック氷を作ったり。

上段

引き出す上段には、ぬか床と保存食

簡単に冷蔵庫で管理できる既製品のぬか床と、自家製の梅干し、手作りの薬味みそなどを保存する容器にちょうどよい高さ。残りの隙間スペースに、ぬか漬けやみそ汁に使う野菜の切れ端を保存。

「ウエダ家のぬか床」は、冷蔵庫保存で手間なし。簡単にぬか漬けライフが実現。

ぬか漬けにむかない野菜やきのこは、使い切れなくても一緒にカットして残りは冷凍。

野菜室

週末にまとめて届く野菜の多くは、一気に常備菜に変身。ガラガラな野菜室は保存食の収納に活用。

My rule

- 「金曜日に野菜が届く→土曜日に常備菜作り」のリズムをキープ。野菜の長期保存はほんの少しだけ。
- 新たに野菜が届く頃には、空っぽ＆週一のアルコール拭き掃除。
- 保存食の容器は、空になってもそのまま同じ場所に収納。定位置化で乱れない。

下段

大きな野菜ゼロ

甘酢漬けの
大きな瓶の収納もココ！

野菜を立てて収納する部分は、らっきょうの甘酢漬け用の大きな瓶もピッタリ。瓶が空になってもここに収納しているので、甘酢漬けのシーズンに冷蔵庫に入らない！とあわてることもありません。

野菜の代わりに
米やみそを冷蔵

常備菜作りのおかげで、大きな野菜がいくつも野菜室に転がっている状況がないので、半分は米と手作りみその保管スペースに。冬場は冷蔵する必要もないけれど、むしろ常温での置き場にも困り、野菜室を活用。

収納グッズのここがオススメ！

**液体とニオイが漏れない
バブル付き密閉
ホーロー保存容器**
酸にも強く、においもつきにくいので長期保存に便利。サイズ違いシリーズで展開。
▶ 無印良品 Ⓐ

花の新鮮野菜スタンド
立てて収納して、見やすく取り出しやすくしたい細長い野菜用に必須。
▶ Seria Ⓑ

冷凍室

上からひと目見るだけで
"わかる"収納に。目指したのは、
かき混ぜて探し物をしない冷凍庫。

My rule

- 深さのある引き出しは、保存容器を活用した立てる収納に！中が空っぽでも収納場所もここにしているので、倒れない、乱れない。
- 浅いトレー部分には、細長い収納ケースを活用すれば、細かい物も自然と整う。

急速冷凍の
スペースが大活躍！

保存容器収納もここで一度凍らせてから立てるから液ダレなし。餃子もくっつかずに大量にまとめて作れます。以前の冷蔵庫では、トレー部分の半分にアルミトレーを設置して自作の急速冷凍コーナーに。

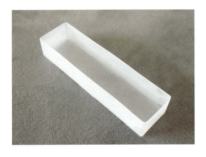

"ちょこっと冷凍品"も、
絶対に重ねない

お弁当のおかず用の小さな残り物冷凍やご飯やパンの冷凍ストック。Seriaの「引き出し整理ボックス」で自然に整然と並び、新しい物を奥に追加して、手前から使うので、正体不明の"真っ白な冷凍化石"の発見も回避。

保存容器なら簡単！
ひと目で見渡せる冷凍庫に

余り野菜やきのこなどは、小さな保存容器に。野菜を合わせて調理すれば、すぐに一品完成する「下味付き冷凍ストック」の肉や魚は大きな保存容器に。Seriaの「WHITY PACK」を使用しています。保存容器に入らない既製品は、奥のフリーボックスに。

収納グッズのここがオススメ！

シャカシャカねぎポット

冷凍ねぎがフリフリすれば、バラバラに振りかけられる大人気商品。パセリ、ホールコーン、柚子皮、ブルーベリー、枝豆にも愛用。
▶ Seria Ⓐ

A7チャック付ポリ袋
厚手18枚

文具の整理や、旅行グッズの小分けに活躍するポリ袋。小さなお弁当用冷凍物の整理にもぴったり。中身をメモしておけば、凍ってなんだかわからない……を防止。ラップにくるんだだけより、クズも落ちません。
▶ Seria Ⓑ

上段

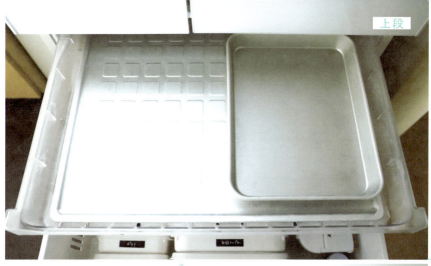

中段

下段

「sumikoさん、毎日の献立、どうしていますか？」

とにかくなんでも「まとめて週一」スタイル！

なんでも週一にまとめたら、考えない、悩まない、乱れない冷蔵庫と、ストレスフリーな時短家事システムが完成！

Step 1

毎日献立を考え、悩まなくていいと思えば、ストレスも解消！

週に一度、15分かけて翌々週の1週間分の献立と買い物リストを考えて、手帳にまとめる。

- 日々の一番のストレス「晩ご飯、何作ろう？」から解放。
- たんぱく質、野菜、きのこ、海藻……と、1週間の栄養バランスも把握できる！
- 週一と思えば気分的にもラク。子供との時間も激増！

"週一まとめて買い物" & "週一常備菜作り"のベースに。

Step 2

まとめ買いを週に1回！考えなくても"わかる"冷蔵庫に

献立を考えたら、1週間分の野菜を、愛用中の有機野菜の宅配業者に注文。それが届く頃に、魚と肉なども1週間分まとめて近所で買い物。

- 「何作ろう」「冷蔵庫に何が残っていたっけ？」「何買おう」と、スーパーをブラブラする時間激減。
- 週に一度の総入れ替えで、風通しのよい冷蔵庫に。
- 「つい買いすぎて余らせた！」の失敗もなし。

Step 3

常備菜作りも週に1回！無理なく清潔な冷蔵庫に

届いた野菜と、まとめて買ってきた肉や魚で、週末の2時間を使って惣菜作り。プラス、常備菜が尽きてくる週の後半のために、「下味付き冷凍ストック」も補充。

- 計画的に買うので、使い切れる。
- 週に一度、野菜室と冷蔵室半分が空に近くなるので、拭き掃除ができて衛生管理も楽チンに。

sumikoさんの
1日の家事スケジュール

ストレスフリーな冷蔵庫の恩恵で、苦手な家事も苦になりません。
ガッツリ取れる日中のフリータイムを満喫中！

Schedule

- 6:00までフリータイム
- 6:00 身支度＆朝食スタンバイ

> 常備菜を温め直して、果物をカットするくらいの作業しかない時短朝食は10分で完了！　常備菜が底をつく週末近くは、調理器具にもなって器にもなるひとり用土鍋で時短調理！

- 6:30 朝食＆後片づけ
- 7:00 子供のドリル添削とピアノ練習
- 7:30 洗濯＆掃除機がけ＆風呂掃除、最後に週一の特別掃除部分を曜日によって1ヵ所

- 8:30 家事終了

日中は、仕事やスポーツジムなどすべてフリータイム
夕方から、子供の習い事などに一緒に

- 18:00 子供と順に入浴＆常備菜や下味付き冷凍ストックを使って夕飯支度
- 18:30 夕飯＆後片づけ

> 常備菜を利用するので調理器具が少ないから、後片づけも簡単♪

- 19:30 家事終了、子供とカードゲームやボードゲーム、読書
- 20:30 子供就寝、フリータイム
- 22:00 就寝

No.2
家事時短の冷蔵庫
料理が苦手な私がたどり着いた

name:
サチさん
ブログ「IEbiyori」

DATA	
family: 夫（単身赴任中） 長女12歳 長男10歳 次男7歳	**profile:** 1976年生まれ。鹿児島県在住。整理収納アドバイザー1級、整理収納教育士。大人気ブログ「IEbiyori」にて、片づけや整理収納アイデアを発信。効率的で暮らしに寄り添う家事の仕組み作りが人気。著書『めまぐるしい毎日でも暮らしが回る 50点家事』（ワニブックス）ほか。

type:
三菱
MR-W45M

"使い切る"ことが最重要ミッション

私の委託したい家事ナンバーワンは料理。1秒でも早くキッチンから離れたい！という思いで効率のよい動線を考えました。そのためには冷蔵庫の整理が大切。無秩序な冷蔵庫では、食材管理に時間がかかり、中身がわかりにくいと食材ロスにつながることも。時間と食材の無駄をなくすため、冷蔵庫内は定位置管理を。さらに、冷蔵庫内の管理をまとめて、労力をまとめた後でラクできる"冷凍作りおき"を詰め込んだ冷凍室活用で、キッチンに立つ時間をコンパクトにしました。

管理が簡単で料理をラクしてくれる冷蔵庫は、"使い切る"というミッションを達成してくれる頼もしい存在です。

幸運を引き寄せる黄金ルール

Point 1
定位置管理と余白で迷わない仕組み

食材の住所を決めておけば、食材ロス、食べ逃しを防げます。同時に余白を作っておくことで、食材の出入りをスムーズに。迷わないから時短につながります。

Point 2
ケース使いは最小限で"見える"冷蔵庫

冷気の循環を考えて、ケース使いは少なめが基本。大きさが決まっているものだけを中身が見えるケースに入れるように。見えるから無駄なく使い切れます。

Point 3
めんどうな労力も時間も一度にまとめて

冷凍作りおき、冷凍おかずの素、考えなくていい献立予約で、2週間の献立はクリア。買い物も調理時間も、ギュッと圧縮して毎日考えない。

サチさんの冷蔵庫オープン！

各部屋の効率を最大限に考え、キレイが長続きする

冷蔵室

常備するもののスペース、フリーのスペースに分ける。家族が見ても一目瞭然で乱れ知らず！

固定ゾーン

変動ゾーン

My rule

- 固定ゾーンと変動ゾーンに分け、定位置を決めつつ、柔軟に対応できるペースを確保。
- 常に鍋2個分のスペースを空けておき、不定期に発生するものがきてもあわてない。
- 縦長ケース、取っ手付きケースを活用して、引き出し式で取り出しやすく。

「固定ゾーン」と「変動ゾーン」に分ける

固定ゾーン 上段2段に季節に関係なく常に入れておきたい常備品。牛乳、ヨーグルト、バター、マーガリン、粉類、保存食、酒、開封済みの粉類など。

変動ゾーン 下段2段に残り物や頂き物、不定期に発生する物。みそ汁やスープ、カットした野菜や常備菜など。

最上段は縦長ケース、取っ手付きで引き出し式に

粉類（ココア、黒糖、ベーキングパウダーなど）、酒、乳酸菌飲料の指定席を。見渡しにくくても、奥のものが取りやすくなります。琺瑯容器にはコーヒー、梅干し、みそを。開閉済みの砂糖、パン粉、小麦粉をその後ろに。

鍋2個分のスペースを

我が家は汁物を毎日は作りません。余ったら鍋ごとこのスペースへ。空きスペースがあるから保存に困りません。

最優先ボックスで食材を使い切る

半透明で中身が見えるので一目瞭然！　半端野菜や消費期限間近のものなどを入れておきます。野菜はスープにして在庫一掃。使う優先順位はまずここから。

収納グッズのここがオススメ！

持ち手付ストッカー
においモレが防げ、酸にも強い琺瑯容器。コーヒー、梅干し、みそを入れています。取っ手付きなのもうれしい。
▶野田琺瑯　Ⓐ

ポリプロピレン整理ボックス
冷蔵室の奥行きを生かすには引き出し式が便利。保存容器との相性も◎
▶無印良品　Ⓑ

自由自在 積み重ねボックス 大 細型
小さな飲み物にぴったりだから倒れません。少しの隙間も有効活用！
▶ダイソー　Ⓒ

自由自在 積み重ねボックス 大
半透明で中身が見えるのがお気に入り。ざっくりにちょうどいいサイズ。
▶ダイソー　Ⓓ

液体以外の調味料は
詰め替えることで使いやすく

両手で開ける手間、輪ゴムで留める手間、不揃いな形ゆえの収まりの悪さ。これらを解消し、かつメンテナンスが面倒にならない液体以外の食材を詰め替え、毎日の調理をラクに。

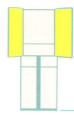

ドアポケット
よく使う調味料は
お揃いの容器に詰め替えて。
引っかけ式で使い忘れ防止！

詰め替える調味料と食材一覧	
上段	**中段**
左より	左より
■ ごま塩	■ ドライにんにくスライス
■ しそ	■ 乾燥わかめ
■ 黒こしょう	■ 白ごま
■ 料理塩	後ろ
後ろ	■ 黒ごま
■ ドライイースト	■ あおさ
■ シナモンシュガー	
■ クレイジーソルト	
■ カレーパウダー	

Ⓐ

Ⓑ

ドライにんにくスライスは、フライパンに片手でフリフリできるよう、詰め替えがマスト。

小袋調味料用に
「冷蔵庫ミニポケット」
内外に引っかけられ、他の食材に埋もれる心配ゼロ。確実に使い切れます。
▶ダイソー

My rule
■ サイズが整わない調味料は、詰め替えて使いやすく。
■ 自立できる調味料を選び、スタンド式で乱れ・汚れ知らず。
■ 忘れがちな食材は、存在をアピールする方法で。

使いたい食材は存在をアピールさせる収納術

スライスチーズコーナー
買ってきたら外袋から取り出してポケットケースへ。夏場は早めの消費を心がけます。

使いかけの袋物コーナー
使いかけのかつおぶしやふりかけなどは、洗濯ピンチで引っかけて、ここから使うように。

収納グッズのここがオススメ！

スクエアー調味料ボトル
片手で開けられるので使いやすいボトル（180㎖）。料理調味料はこれに決まり！▶Seria Ⓐ

調味料ボトル
サイズ違いの2つのボトルの蓋と本体を組み合わせて使っています。▶私物 Ⓑ

ステンレスピンチ
ちょうどドアポケットに引っかかり、いつでも視界に入るから使い切れます。▶大木製作所 Ⓒ

冷蔵庫ミニポケット 深型
チューブ調味料専用ですが、スライスチーズにぴったり！▶ダイソー Ⓓ

自立できる調味料で乱れ知らず
安定感があるので、ドアポケットの中で倒れにくく、取り出しやすい。

カッティングシートで目隠し

袋のごちゃつきをほどよく隠したくて、カッティングシートを貼り付けました。100均の商品で、貼ってはがせるので便利でしたが、廃番に。

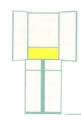

チルド室

チルド室として使わずに、他のスペースで管理しにくい食材を効率よく収納。

右段

袋物は立てることで見やすく

右段 **倒れやすい食材は立て収納で乱れ防止**

大豆水煮、カットブロックベーコン、かにかま、ちくわなど。少しずつ使う固形カレールウは1個ずつキャニスターにイン。

チルド室の部屋割り

My rule
- 肉や魚の生鮮食品を入れずに、目的別に指定席管理。
- 朝食専用引き出しでメニュー選びに迷わない。
- 管理しにくい、倒れやすい袋物は引き出しにまとめて。
- 固形カレールウは1個ずつばらして収納ケースに。
- 卵の専用スペースを使わず、ここで買ってきたまま管理。

左上段

卵の管理が時短に

左下段

卵の下に朝食用に
欠かせない食材を

[左下段] **朝食用スペース**

ハム、ベーコン、ソーセージ、キャンディチーズなど。上の段に卵があるので、メニューの目途も立ち、忙しい朝に大助かり。

[左上段] **卵を収納**

買ってきたら上部を手で切り取るだけ。空いたスペースにはこまごました小袋調味料などを収納。

収納グッズのここがオススメ！

Easyレバーキャニスター

一つは固形カレールウ用、もう一つは製菓材料用。密閉性が高く、蓋も開けやすい。
▶ニトリ Ⓐ

**小分けケース
2個セット**

小袋調味料や小さい物の整理に。空きスペースにジャストサイズ。清潔感のある白色をチョイス。
▶私物 Ⓑ

中段

上段

野菜室

季節によって種類もサイズも変わる野菜は、仕切りを使わずそのまま収納。

野菜室の部屋割り

上段 **長さがある物、丸い物はまとめて**

にんじん、なす、きゅうりなどの長い野菜は、一緒に入れておくと無駄なスペースを作らず、取り出しやすいです。その隙間には丸い物がフィット。

口を折り返すことで取りやすくなる

トマトはボードン袋の口を折り返しておくとさっと取り出せて便利。

My rule

■ケースなどで細かく分けない。
■購入時のボードン袋のまま、鮮度をキープして収納。
■カット野菜はポリ袋や保存容器に入れて、すぐに使える収納に。

30

下段 葉物野菜は買ってきたままで大丈夫

ほうれんそうや水菜などの葉物やキャベツなどの大きめの野菜は、包装のボードン袋ごと野菜室に収納。袋の特性を生かせば、意外と日持ちすることがわかりました。

中段 サラダ用や炒め物用にカットして

すぐに使えるように、ごろごろした野菜やカット野菜を収納。ポリ袋にまとめておけば、ササッと料理に使えます。このひと手間が後の作業をラクにしてくれます。

ボードン袋って何？
スーパーなどで見かけるパリパリ系の野菜を入れる特殊な袋。水滴が発生しにくく、鮮度が保てるのが特徴。そのまま活用。

買ってきたらすぐにカットしてスタンバイ
レタス、トマト、きゅうり、にんじんなどはサラダ用に使いやすくカットして、ポリ袋や保存容器に入れて冷蔵室、野菜室へ。

月1回のまとめ買い、下ごしらえ後の冷凍庫です!

急速冷凍室

冷凍おかずの素、献立予約、おにぎり

作っておくと、いざという時に大助かりです。解凍後、10分以内で料理が完成!前日の晩、冷蔵室に移しておけば、翌日使用できます。

冷凍室の部屋割り

冷凍室

パンパンにすることで冷気を逃がさずしっかりキープ!消費期限を気にしなくていい。

My rule

- 忙しい日の食事は冷凍作りおきで家事を時短に。
- 見渡せる立て収納で一目瞭然!
- 二重包装で冷凍やけを防ぐ。
- 食材や使用頻度で使い分ける。

冷凍やけしません

アルミホイルの上にラップを広げ、その上で肉を食べやすい大きさにはさみでカット。二重巻きにしておけば冷凍やけを防げます。義母から教わった長年の技。

便利なポリ袋レシピ

下味付きのおかずの素はポリ袋に入れて保存。そのまま破って調理できます。手を汚すこともなく、あとは袋を捨てるだけ!

上段

中段 カット済みで下ごしらえなしの肉類

肉や魚をカットしておくことがいかにラクか、ぜひ、お試しください。二重巻きで、保存期間も延長できます。

上段 トッピング用一式をバラバラ冷凍

料理の脇役にちょこっと使いたい時に重宝します。袋の上から指先でモミモミすれば、バラバラになり、そのまま使えます。

豚こまを二重巻き＋スライダーケースで立て収納。

ちょい足し冷凍

バラバラ冷凍にしておけば、ちょい足ししたい時、必要な量が取り出せます。

収納グッズのここがオススメ！

キッチンポリ袋M

調理で袋を破ることが多くても、110枚入りなので惜しみなく使えます。
▶ Seria

フリーザーバッグスライダー付

冷凍室でマストな商品。ねぎやピザ用チーズなどくり返し開閉して使う食材を。
▶ ダイソー

「サチさん、毎日の献立、どうしていますか？」

月に1回まとめ買い、冷凍作りおきスタイル！

労力を一つにまとめて後をラクしたい私。消費期限も気にせずに済む、冷凍作りおきは相性抜群！ この安心安全貯金で身も心も軽々。

Step 1 月一、食材を爆買い。あらかじめ献立は考えず

献立を決めてから買い物に行くことはしません。スーパーに行ってから、その日の特売をチェックしながら考える作戦にチェンジ！ 食材を見ながら食の記憶を呼び起こし、不足しがちな食材を思い浮かべます。メニューの偏りも予防、栄養のバランスも整う方法なのです。この方法、料理が苦手でわざわざ献立を考えることが苦痛な方におすすめしたいです。ざっくり2週間分考え、残り2週間は足りないものを補充するだけ！

Step 2 すべての食材をカウンターや作業台に並べて、スタート！

① 冷凍おかずの素
カット、下ゆで、下味をつける。下ごしらえが済んでいるので、すぐに調理にかかれます。

② 冷凍作りおき
ハンバーグのたね、ミートソース、キーマカレー、焼売のたね。仕上げはたった10分！

③ 献立予約＝作る予定
親子丼、豚汁、お好み焼き、キーマカレー用の肉をカットして、献立予約として取り分けておきます。"メニューを考えない日"を作っておくとラクです。

Step 3 カットする手間、炒める手間をまとめて約1時間で！

冷凍室をパンパンにして、心とからだの自由を確保
4品に玉ねぎのみじん切りを使うならまとめてカットして、振り分ける。また、同じひき肉と玉ねぎが主役なら、炒める作業を同時進行。もみ込みやたね作りもまとめて……。ラベリングはラベルシールに手書きで食材名を明記しています。

サチさん
1日の家事スケジュール

こうしなきゃに縛られない、流行に左右されない暮らし。
我が家は"冷凍作りおき"のおかげで家事時短！

Schedule

- 6:30　起床、身支度
- 6:40　朝食準備
- 6:50　子供起床、朝食

　　　洗濯物を取り込んで干す、掃除機かけ、郵便物整理、フリーペーパーを読みながらコーヒータイム

- 9:00　仕事時間

　　　月1回 月1回の買い物（水曜日の午前中。買い足しは週一）、買い物に行く前に、スカスカの冷蔵庫内の掃除

- 17:00　夕食準備
- 17:30　学校プリント・宿題チェック、洗濯物をたたんでしまう
- 19:00　夕食仕上げ、習い事お迎え
- 19:30　夕食
- 20:00　宿題チェック、夕食の片づけ、キッチンリセット
- 20:30　トイレ掃除（金曜日）、入浴（ついでに掃除）
- 21:30　次男就寝、子供の勉強を見る
- 22:00　長女・長男就寝、洗面台掃除（歯磨きしながら）、洗濯予約、翌日のお茶や氷を準備、朝食プランを考える
- 23:00　自由時間
- 24:00　就寝

No.3

少しの工夫で気持ちにゆとりを

見せる収納で暮らしが豊かに

name:
MIさん
ブログ「めがねと
かもめと北欧暮らし。」

めがねと
かもめと
北欧暮らし。

生活感を出さずに、キッチンの続きに冷蔵庫があるイメージで設計してもらった場所。一体感があり気に入っています。

DATA

family:
夫
長男14歳
次男13歳

profile:
中学生2児の共働き母。北欧暮らしを目指してインテリアだけでなく、家族みんなが使いやすい収納作り、少しの工夫でセンスよく暮らすヒントが人気のブログに。著書『めがねとかもめと北欧暮らし。』（宝島社）ほか。アメブロ公式トップブロガー。

type:

東芝
GR-F51FS
(WS)

自分のペースでいい。やる気スイッチオン！

実家の片づけ中にどこに何が収納されているかわからず困った経験から、収納を見直すようになりました。また夫から「一人で頑張らなくてもいいんじゃない？」というひと言も後押しになったのです。それからは、"家族みんなで参加する収納作り"を心がけ、気持ちにゆとりが生まれるように。どこの収納よりも何度も改良を重ねてきた冷蔵庫。使いやすく改良するだけでなく、子供の成長と共に、食材や加工方法が変わることへの対応も大切です。

幸運を引き寄せる黄金ルール

Point 1
物の住所を決めることが乱れないコツ！

定位置を決めると元の場所に戻ってくる確率が格段にアップ。そして、誰が見てもどこに何があるかがわかる！ お客様に見せても恥ずかしくありません。

Point 2
固定概念を捨て、臨機応変に

チルド室には肉、魚や加工品を入れていません。なぜなら、すぐに冷凍保存食に加工してしまうから。私だけのお楽しみをそっとキープ。

Point 3
生活感を出さないよう収納グッズ見直し

気になってスルーしていたものも意外に使えた！という経験を何度も。家事の時短になるし、やる気スイッチが入り、毎日見る楽しみが増えます。

卵の収納

バターの収納

Mーさんの冷蔵庫オープン！

住所管理が行き届いている

冷蔵室

「あれ、どこにあるの？」
からの解放感。
生活必需品をゆる〜く収納。

1段目
2段目
3段目
4段目

適材適所を考えて収納。
フリースペースを取ることも大切！

1段目 お弁当や子供達の間食用にほぼ毎日作る、おにぎり用の梅干しとかつお節、牛乳のストック。

2段目 左は薬味のストック。毎日作る汁物に欠かせません。絶対切らさない納豆と豆腐などのパックのストックや毎日の必需品を。

3段目 バターと常備菜を収納。使用頻度が高いので、出し入れがラクな目線の高さに収納。

4段目 卵は残量が見えること、取り出しに安全な4段目に収納。「紀州うめたまご」を箱買い。縦長の収納グッズを一つ。右は汁物や煮物のお鍋置き。

My rule
- ざっくりグループ分けで、見渡せる冷蔵庫が目標。
- 使用頻度の高いもの、早く食べてしまいたいものは目線の高さの棚に。

野菜ジュースは常にストック。飲み切れる量の給食タイプをリピ買い。飲みすぎ予防策として「ひとり1日2本まで」を助言。

上段でも取り出しやすい収納グッズを使っています。取っ手付き、片手で開閉できるので忙しい朝や夜食時にも重宝。

箸休めやゆで野菜などの常備菜は中身が見えるジップロックを愛用。以前は琺瑯製を愛用していましたが、ラベリングの手間を省くため、そして電子レンジ対応の今の形に落ち着きました。

ラベリングは家族へのメッセージ!?

冷蔵庫の棚にラベリングをして、食品にも住所を。家族の誰が使っても元の場所に戻してくれる収納を目指しています。

収納グッズのここがオススメ!

バターケース　丸型
バターは料理の効率を考えて2種類を用意しています。お気に入りの丸型ケースにはカットバターを保存。
▶柴田慶信商店 Ⓐ

バターケース
こちらにはカットされていないバターを収納。主にバターをたくさん使うお菓子作りに使っています。
▶東屋 Ⓑ

パウダーポット
上段に収納している梅干しやかつお節は、片手で取り出して開閉ができる容器を愛用。コロンとした形がお気に入り!
▶biite Ⓒ

持ち手付きトレー
卵は優しい竹細工のトレーに収納。持ち手付きで取り出しやすく、割れる心配も少ない。冷蔵使用OKのお墨付き。
▶おじろ角物店 Ⓓ

※卵形の調湿脱臭剤は珪藻土のsoilのもの（右手前）。

ドアポケット

使いやすいベストなポジションを確保。探さない収納でストレスフリー！

右ドアポケットに飲み物やみそ、ごまなどを収納

左に比べて幅がある右ポケット。格段に取り出しやすいので、頻繁に取り出す飲み物はこちらに！

みそは野田琺瑯の保存容器を使って収納しています。2種類のみそを常備。半量ずつ混ぜて使っています。塩分の多いみそには、琺瑯容器が安心です。

2段目には、ジャム、マスタード、ごまを収納。

チューブ類はWECKの保存瓶に立てて収納。料理に使う時は、瓶ごとキッチンに出して使っています。

My rule

■ ラベリングは物が定位置に戻るのでここは入念に。
■ 調味料の詰め替えをやめたおかげで家事が時短に。
■ 温度変化が最もあるところだから、卵専用トレーには入れません。

左ドアポケットに調味料を中心に収納

以前は容器を統一したくて詰め替えていましたが、手間がかかることと液だれの心配もあり、今は詰め替えをやめました。時短にもなり、ストレスフリー。

1番上の棚の調味料

1番上の棚は料理に使う調味料を収納。基本、料理は私しかしないので、上段でもOK！

2番目のポケットにはよく使う調味料を収納

目線の高さが探しやすいです。あちこちのポケットを探す必要がないように、ここに集結させています。

棚やポケットにもラベリング

ポケットにもラベリングして、調味料にも定位置を作っています。自然と物が定位置に戻る仕掛け。これなら家族も一目瞭然！

チルド室

固定概念を捨て、自分の
お気に入りをそっと忍ばせて。
生鮮食材は冷凍保存食に変身！

小さな琺瑯容器はあえて蓋付きをチョイス。
理由は子供達に見つからないため（笑）。家
事の合い間や疲れた時に、ちょっと食べたい
好みのチョコレートを収納。

My rule
- 蓋付きの琺瑯容器でスッキリ感を出す。
- 冷凍保存食に変身させるから、肉や魚は入れません。

チルド室に肉や魚は入れません

チルドには本来肉や魚を保存しますが、基本的に宅配スーパーが届いたら、またはコストコで購入してきたら、すぐに小分けにして冷凍してしまいます。息子達が中学生ということもあり、夕食のリクエストになるべく応えてあげたいこと、塾や習い事の前に、間食してから出かけるため、その日によって食べる量も違います。柔軟に対応できることで、自分のストレスも軽減。賞味期限を気にするという行為を最小限に抑えています。

チルド室はチーズなどの乳製品の収納がメイン。琺瑯容器を使って仕切り＆正面から見た時のスッキリ感を重視。重たいフルーツ缶詰などもここへ。

Column

チルド室と冷蔵室、どう違うのでしょうか？

冷蔵室が3～6℃、チルド室が0～－3℃で、チルド室の方が低く設定されています。食品が凍り始める一歩手前の温度に設定されているため、新鮮な状態をより長くキープ。凍らせたくない食品の長期保存に向いています。

チルド室に入れてもいい食材

- 生鮮食料品
- 乳製品
- 発酵食品－納豆、みそ、キムチなど
- 漬物

チルド室の設定温度が発酵を遅らせてくれて、酸味も抑えられ、おいしさをキープしてくれます。

上段

野菜室

野菜でパンパンになることはありません。代わりに、保存法に困る大物や粉類をキープ。

My rule
■ 定番野菜を切らさないこと。
■ 上から見てひと目で何が入っているのかがわかる仕組み。
■ 掃除がしやすい収納作り。
■ 冷凍室と連携しながら、常備菜を作らないでラクする野菜収納。

上段の野菜室トレーに調味料や粉物を、下段に大きな調味料や飲み物を

高さが低いトレーには、調味料や薬味、小麦粉などを収納しています。仕切りは無印良品の「ポリプロピレンメイクボックス」で。

無印良品の「ポリプロピレンメイクボックス」には、小麦粉、薬味を収納。小麦粉はジッパー付きのものを選んでいるので、詰め替えは不要。

100均で購入した蓋が立つ保存容器。片栗粉とわかめスープの素を保存。上から残量がわかり、使う際にも蓋が立つので使いやすいです。

下段

切らしたくない野菜は

- じゃがいも
- にんじん
- 玉ねぎ
- 生野菜サラダ用の野菜

ここは必ず必要なので、切らさないようにしています。無印良品の「やわらかポリエチレンケース」を使って収納。掃除を楽にするために、紙袋を入れています。汚れたら紙袋だけを取り替えればよいので時短になります。

マヨネーズとケチャップは食卓で一緒使いが多いので、WECKの保存瓶に一緒に収納。マヨネーズは逆さ、ケチャップはこの向きで収納。

野菜室手前には大きなボトルの調味料を収納。上から覗いた時にすぐにわかるように、商品名と賞味期限をラベリング。このひと手間が役に立つ。

収納グッズのここがオススメ！

野菜フレッシュキーパー 2P

キャベツやレタスの芯に刺しておくと長持ちするという便利グッズ。
▶ Seria Ⓐ

鮮度保持ポリ袋 半透明 Lサイズ

野菜は野菜保存袋に入れて保存しています。本当は新聞紙に包みたいのですが、中身の確認がしづらいので。
▶ ストリックスデザイン Ⓑ

上段冷凍室トレーには
ジャストフィットの物を集結

上段　冷凍室／大

冷凍室

朝食や夜食に大活躍の冷凍保存食。
食材を使い切るための
知恵と技が詰まっています。

野田琺瑯TUTUシリーズの保存容器にコーヒー豆を。シール蓋も付いてにおいモレ完全防止。味や香りを3ヵ月ほどキープ。

右側のジップロックフリーザーバッグには、みそ汁用の野菜や油揚げなどを1回分ずつ冷凍保存。玉ねぎやにんじん、豆腐などをプラスして作っています。

ジップロックコンテナーには、カレーやミートソースを多めに作って保存。1人分ずつ保存容器に入れることで、塾後の夜食に対応。

My rule

- おいしく最後まで食べられる冷凍保存の工夫。
- 「お腹が減った！」にすぐ対応できるような見渡せる冷凍室。

sumiko サチ MI まどなお

下段

下段に冷凍保存食や
市販の冷凍食品をまとめて

左真ん中は冷凍うどんを収納。うどんの上は、うどんにかけるとおいしい牛すじ煮込みを収納しています。

2 鶏団子の素
煮る・焼く・炒めるが自由自在！ 省スペースかつ解凍の時短のため、一晩平らな状態で冷凍。

1 万能ひき肉

3 豚ロース塩麹漬け

4 サーモンムニエル用

冷凍室引き出し／小

下ごしらえの済んだ冷凍保存食やコストコで買ってきた冷凍食品を収納。平らに冷凍するための場所。

収納グッズのここがオススメ！

フリーザーバッグ　S
冷凍保存食に使用。おかずの素のような存在なのでこのサイズがぴったり。
▶ジップロック

コンテナー
冷凍室のほか、冷蔵室でも使用の愛用品。使いやすいサイズ展開が嬉しい。
▶ジップロック

「MIさん、毎日の献立、どうしていますか？」
冷蔵作りおきをやめて、ゆるいルール作りで快適に

期限を気にする冷蔵常備菜をやめました。子供達の成長と共に、料理のリクエストの変化に応じてフレキシブルに対応。

Step 1
宅配スーパー、コストコの食材をすぐに小分け冷凍

食材が届いたら、また買ってきたら、すぐに下ごしらえにかかります。肉類は小分け冷凍、みそ汁用の野菜や油揚げなども1回分ずつ冷凍保存。1人分ずつ小分けにしたカレーやミートソースも、塾後の夜食などに柔軟に対応ができます。冷凍うどん＋牛すじ煮込みもおいしい組み合わせ。またご飯が余ったら作る、焼きおにぎりのストックが入ることも。自分のストレスも軽減、気持ちもラクになりました。

Step 2
冷蔵室に入れる常備菜は箸休め、ゆで野菜を常備

凝った冷蔵作りおきをやめました。賞味期限を気にしたり、消費にプレッシャーがかかるということと、中学生になった息子達のリクエストになるべく応えてあげたいというのもその理由。フレキシブルに対応できるように、シンプルな箸休め的な物とゆでた野菜を常備。なくなったら作るというゆるいルールに変えたおかげで、冷蔵室もスッキリと見渡せるようになりました。

Step 3
夕食の下ごしらえは、仕事に行く前に済ませる

出勤時間が少し遅めなので、朝時間を活用しています。朝食作り、お弁当作りと同時に夕食の汁物作りをしたり、夕食の下ごしらえも簡単にしておきます。仕事から帰宅後、子供達が塾へ出かけるまでの時間が短いので、手早く夕食作りができる段取りを朝のうちにしておくのがポイント。そんな時にも、「小分け冷凍しておいてよかった！」と心がスーッと軽くなる毎日です。

MIさんの
1日の家事スケジュール

休日は家族との時間を楽しみたい。少しの手間を
先に済ませておく、家族の協力を得ることで暮らしを整えています。

Schedule

- 6:00　起床
- 6:15　身支度、お弁当作り、朝食作り、夕食の汁物作り
- 7:00　朝食
- 7:30　子供を送り出す、朝食の片づけをして
キッチンリセット
埃を落とし掃除、掃除機、床の拭き掃除、
トイレ掃除
- 8:30　家事終了
- 9:30　までフリータイム
- 10:00　仕事時間

- 17:00
- 18:00　夕食作り
- 18:30　夕食&片づけ
- 19:00　塾の送迎
- 19:30　曜日ごとに決めた念入り掃除をする、
終了後フリータイム

- 21:30
- 22:00　子供が塾から帰宅、夜食用意
- 23:00　入浴、お風呂掃除、洗濯
- 24:00　就寝

No.4

買いだめしても食材が埋もれない、使い切れる

子育てママを応援する冷蔵庫

name:
まどなおさん
ブログ
「いつでも、HOME
〜ちいさな建売、
おしゃれハウスを
目指す〜」

DATA

family:
夫
長女7歳
次女4歳

profile:
1983年生まれ。兵庫県在住。整理収納アドバイザー1級。人気ブログで、片づけが苦手な人でも気持ちよく暮らすための収納アイデアと暮らしの工夫を提案（月間130万PV）。著書『いつでも「きれいな部屋」になる 片づけベタでもできるやさしい収納』（大和書房）ほか。

type:

東芝
GR-40NC

食材が埋もれない、無駄にならない冷蔵庫に

小さな子供を連れて買い物に行くのが苦痛でした。なので、なるべく買い物に行かずにすむようにまとめ買いしていましたが、そうすると冷蔵庫がパンパンになり、食材が埋もれてしまうことも……。どうすれば食材が埋もれず、無駄なく使い切れるか？を追求して、少しずつ整えた結果、やっと使いやすい冷蔵庫にたどり着きました。「まとめ買いをやめれば、収納術は必要ない」と言ってしまえば簡単ですが、子連れで買い物に行くのが辛いママやお仕事が忙しい方など、まとめ買いが必要な場合も。まとめ買いをしても大丈夫！ 快適な冷蔵庫作りで子育てママを応援します。

幸運を引き寄せる黄金ルール

Point 1
まとめ買いでも、使いやすくする工夫

バラつくものはまとめる・立てる、小さなものは仕切って埋もれないようにするなど、食材が迷子になることなく、使い切れる工夫をしています。

Point 2
取り出しやすく、ボックスやトレーに

ざっくりと目的別に分けて、ボックスやトレーにまとめてラベリングしています。奥行きも生かせて、色も統一してスッキリと。掃除がしやすいのも満足。

Point 3
サイズ、見た目、値段の順に考える

その場所にぴったり収まる、すっきり見える白か半透明を選ぶこと。プチプラでも長く使えるか、汎用性はあるか、買い足しができるかがチェックポイント。

まどなおさんの冷蔵庫オープン！

食材が迷子にならない工夫で、無駄なく使い切る

冷蔵室
よく使うもの、
その時で変わるものでゾーン分け。
フリーのスペースを確保。

フリースペース

My rule
- 上2段は奥行きを生かす工夫を。トレーにまとめて取り出しやすく。
- 中段は細かく仕切らず、大物を入れるためのフリースペースを作る。
- 「今週使う」ボックスを設置して、使い忘れ・食べ忘れ予防。

上段 調味料、チーズ・ゼリー、ふりかけ4種（いりごま・ゆかり・混ぜご飯の素、おかか）、枠外右にいか昆布、片栗粉、小麦粉

下段 デザート（パックのジュース、ヨーグルトなど）、パンセット（マーガリン、ジャム）、バターケース、そうめん（乾）

収納グッズのここがオススメ！

ポリプロピレン整理ボックス
冷蔵庫の奥行きにジャストサイズ。半透明なので入っているものが見やすく、最上段でも取り出しやすい。
▶無印良品 ⓐ

持ち手付ストッカー
みそ入れに使っています。琺瑯の白はすっきり見えるのでお気に入り。においモレもありません。
▶野田琺瑯 ⓑ

VARIERA ボックス
ごちゃつきがちなものをまとめて管理しやすいボックス。目線に入るので使い忘れも予防できます。
▶IKEA ⓒ

**自由自在
積み重ねボックス
小物スタンド**
整理ボックスにちょうど3つ収まるサイズ。よく使う常備品をまとめて引き出せるようにしています。
▶ダイソー ⓓ

ポップコンテナ
片手で口がガバッと広く開くので使いやすい。よく使う小麦粉、片栗粉だけ詰め替えています。
▶OXO ⓔ

上段 よく使うものはトレー使いで

無印良品の整理ボックスは、冷蔵室の奥行きにジャストフィット。毎日使う常備品をラベリングして、引き出し式で収納。チーズ・ゼリーのケースは、ダイソーの積み重ねボックスが3つ収まり、スライス・キャンディー2種のチーズと一口ゼリーを。

中段 仕切りを作らず、フリースペースに

残ったおかずや鍋物、洋菓子の箱などの指定席。

下段 こまごました食材を2つのボックスに仕分け

「粉類」ボックスには、あまり使わないパン粉、天ぷら粉などを購入時の袋のまま立て収納に。「今週使う」ボックスには、その週の献立で使う予定の、豆腐、納豆、ちくわ、かにかまなどのバラつきやすい食材をまとめて立てて収納。

ドアポケット

片開きドアには、温度変化に強い調味料・飲料が中心。ここでは100均商品が大活躍。

プチプラ＆スタッキングで使いやすさ2倍

100均で3個セットの容器は、ドアポケットにジャストフィット。市販のチャック付きの包装は開け閉めに手間取ったりしがち。その点、詰め替えてしまった方が、容器の口も広いので、計量しやすい。洗う時にもラク。

こまごましたものも スッキリ収納

残りがちな小袋調味料なども引っかけ式で収納しています。外側、内側両方に付けられ、スライドできるところもお気に入りです。

My rule

■液体系の調味料は詰め替えずそのまま保存。見た目より、洗う手間を省くことを優先。
■よく使う調味料は、使いやすさ優先で容器に詰め替えてスタッキング。
■見渡せるよう前後にならないように。
■ラベリングは表に食材名、裏にマスキングテープで賞味期限を明記。

真四角の整理スタンドに ケチャップ＆マヨネーズ

場所を取らずに省スペースにぴったり収まるのがお気に入り。口が広めなので、取り出しやすいです。

チューブ調味料は チューブスタンドで倒れ防止

底がつながっているタイプ。1本ずつのものより、底まできれいに洗いやすいです。

収納グッズのここがオススメ！

IDEAL 404 保存容器
3個セットで100円！ ドアポケットにスタッキングできるサイズ感。
▶キャンドゥ Ⓐ

ブラン整理スタンド
チューブ物2本がぴったり収まります。このまま食卓に出してもスッキリ。
▶ニトリ Ⓑ

チューブスタンド
引っかけて使う4連タイプ。スライドできるのでどこでも移動がラク。
▶私物 Ⓒ

冷蔵庫ミニポケット
小袋調味料などこまごましたものをまとめて。目線に入るのがいい。2個入り。
▶ダイソー Ⓓ

上段

中段

詰め替える調味料と食材一覧

- 青のり
- 中華あじ
- 昆布茶
- コンソメ顆粒
- 固形コンソメ
- ローリエ

下段

立て収納で、取り出しやすく収納力もアップ！

ベーコン、ミートボール、サラダチキンなどが中心。倒れたり埋もれたり、意外と保管場所に困るパウチ類。そこで、ひとつにまとめる方法を思いつきました。毎日開けるところなので、在庫管理もしやすく食べ忘れもなし。

チルド室

ボックスひとつだけ！こまごましたパウチ袋も迷子にならない。

大きい肉のパックがきてもあわてない

仕切りすぎると大きいパックの肉や魚が入れられず不便なので、スペースを確保しています。パックが傾くことなくサッと入れられるのでスムーズです。

収納グッズのここがオススメ！

**自由自在
積み重ねボックス 大**

奥行きにジャストフィットするサイズ。加工品などバラつくパウチ類を立て収納に。意外と入りますよ。
▶ ダイソー Ⓐ

My rule

■ 右側に空きスペースを確保するために仕切りすぎない。
■ 倒れ込みやすく、厚みのないものをひとつにまとめて。

Column

ここでちょっとブレイク！
まどなおさんのレシピノートの作り方

「管理しやすい！」「かさばらなくていい」と反響をいただいているレシピノート。試行錯誤をくり返した結果、やっとこの方法にたどり着きました。編集しやすい、省スペース、探しやすい、三拍子揃ったレシピノートです。

材料
ノート
無地のルーズリーフ
ポリプロピレンバインダー、
　リフィールクリアポケット（無印良品）
はさみ
「貼ってはがせるテープのり」（コクヨ）
ペン（レシピ用＆カテゴリー用）
マスキングテープ

Step 1
レシピをノートに手書きで書き移します。

フォーマットを揃えることでぐんと見やすくなるのです。自分が見やすいように形式を作り、それに従って書くだけでストレスフリー。

Step 2
手書きしたレシピを切り取ります。

レシピカードを作る感じでOKです。書き終わったら、文字の部分を切らないようにはさみで切り取ります。

Step 3
「貼ってはがせるテープのり」で、紙にレシピを貼付。

レシピの入れ替えも簡単なこのテープのりは必需品です。無地の紙にぺたりと貼り付けます。レシピの移動も自由自在。

Step 4
紙をクリアポケットに入れて、カテゴリー名を貼付。

献立を考える時、調理中にサッと見られるように、キッチンの吊戸棚に置いています。お気に入りのレシピだけに厳選しています。

上段

こんなに使いやすく
なりました！

野菜室

入れ替わりが激しい最大の難所で、試行錯誤の毎日でした。それが重ねられるトレーで一気に解決！

After

コスパ最高！
美しすぎる野菜室

野菜の悩みを解決してくれたのが、Seriaのお料理小皿（4枚セット）とお料理バット（3枚セット）で合計200円！！ 埋もれず、汚れ防止、洗いやすい、すべての悩みを一挙に解決してくれました。

My rule

■ 重ねられるトレーを組み合わせて分類収納。
■ 下段はゆるく仕切って、野菜カスやごみの掃除の手間をカット。

**重ねられる便利さ。
この方法で決まり！**

小さな野菜にちょうどいいサイズで、重ねれば省スペースにまとめられるので、大きな野菜が入ってきた時のスペースも確保できます。

下段

Before

積み重ねボックスで
根菜類も野菜室へ

1年を通して葉物や大物野菜は、ボックスで仕切って高さのある下段で保存。掃除もらくちんです。

埋もれる、しなびる、
大物入らず！

形の違う使いかけの野菜を2つのボックスに入れていたのですが、小さすぎて埋もれてしまったり、干からびて発見されたり……（泣）。しかもボックスが場所を取っているので、大きな野菜を入れられないのも悩みでした。

収納グッズのここがオススメ！

**自由自在
積み重ねボックス 大**

下段に3つがジャストフィット。野菜くずが出ても掃除がラク。ゆるく仕切っています。

▶ダイソー Ⓐ

**お料理小皿 角（左）
お料理バット 小（右）**

左は4枚セット、右は3枚セットでそれぞれ100円！丈夫で長持ち、しかも洗いやすい形。

▶Seria Ⓑ

上段

こんなに使いやすくなりました！

上段 フリースペースを作る

立てると埋もれそうな使いかけの袋物やアイスクリーム、保冷剤などの細かいものをまとめています。お肉はカレー用、煮物用、炒め物用と用途に合わせて切っておき、保存袋に入れて冷凍。使用する前日に冷蔵室に移し解凍すれば、調理の時短に。おにぎりなども子供1食分の量を目安に仕込んでおきます。そして、右側のスペースは何がきてもいいようにあけておきます。

冷凍室

ストック食材は、切っておいた肉やきのこなど、簡単なものだけ。立てる収納！

My rule
- 細かく分けずに大まかに仕切る。
- 立てて収納することで、埋もれずに一目瞭然。
- フリースペースを作って臨機応変に対応。

収納グッズのここがオススメ！

冷凍庫スタンド
仕切り板が5枚セットで、連結させて使う仕組みのスタンド。幅に合わせてスライドできるので、フレキシブルに対応できます。
▶吉川国工業所 A

自由自在 積み重ねボックス 大
上段のトレーに埋もれがちな袋物や、細かいものをまとめるのにちょうどよい。奥行きに3つがピッタリ！
▶ダイソー A

下段

Before
すき間、パンパン……
がストレス

最初は幅が固定されているアクリル仕切りスタンドを使っていました。が、冷凍食品って厚みがバラバラ！　日々入れ替わるものだから、すき間ができたり、ぎゅうぎゅう詰めで収まり切らなかったり……。入れたい場所にサッと収まらないのがストレスでした。

After
冷凍庫内をスッキリ！
に惹かれ、立て収納が復活

そこで取り入れたのが、スライドできる冷凍庫スタンドです。仕切り板5枚が1セット。連結させて使う優れものなのです。スライドさせれば、幅を変えられ、好きな長さに調整できます。600円台のプチプラもうれしい限り！　温めるだけ、焼くだけのコープ宅配の冷凍食品も重宝しています。おいしいものを決めて常備しておくことも安心材料です。

見た目よりも、
ラクに冷凍する派

肉、きのこやもやしをジップ付き袋に入れ、マスキングテープでラベリング。見やすくするため、立てて収納。

「まどなおさん、毎日の献立、どうしていますか？」
週に2回まとめ買い、献立で悩まないレシピノート！

スッキリ片づく冷蔵庫の仕組み作りで、まとめ買いでもあわてません。
見たいレシピがパッと見つかるオリジナルノートが強い味方。

Step 1 献立で悩まない！頼りになるバインダーノート

おいしいものを食べることが大好き（実は飲むことも）！ 献立が考えやすくなるバインダー式レシピノートを手作りしています。料理本や料理ブロガーさんのレシピを参考に、本当に作るお気に入りのものだけを、食材別にまとめています。書き写すことでフォーマットが揃うので、見やすさはバツグン。「貼ってはがせるテープのり」を使って、カテゴリー編集もしやすくしています。始めて3〜4年になりますが、おかず、おつまみ系とレパートリーも増えました。

Step 2 週二、3〜4日分の献立をスーパーでまとめ買い

次女が幼稚園に通い始める前までは、子供連れで買い物に行くのが苦痛で、週2回程度スーパーでまとめ買いをしていました。今は子供も小学生と幼稚園生になりましたが、買い物スタイルは当時のままのまとめ買いスタイルを続けています。そんなとき買い物メモは必需品！ 書き出すことで買い忘れが防げますし、予定外の無駄なものを買うことがなくなりました。まとめ買いした食材は、「立てる」「仕分ける」で埋もれず使い切れるようにしています。

Step 3 ママ友との持ち寄りパーティーにも

凝った作りおきは面倒になってしまうし、メインおかずは作りおきしても、1回で食べ切ってしまうので、作りおきは副菜や肉を漬け込むなどの簡単なものだけ。常備菜作りのサイクルは特に設けずに、気が向いた時に作っています。副菜にもおつまみにもなるものを作りおきしておけば、食事やお弁当の1品にもなるし、お酒のお供にもなって一石二鳥！ 少ない材料でできる簡単なものを中心に、お気に入りレシピを集めています。

まどなおさんの
1日の家事スケジュール

少しずつ暮らしを整えることで、家事の手間も減りました。
おかげで子育て中でも自分の時間が持てるように！

Schedule

7:00 起床、朝食の準備

7:30 朝食

8:30 次女を幼稚園に送る

9:00 掃除・買い物、食器洗い、
　　　ブログ作業など

12:00 昼食

14:00 幼稚園のお迎え、公園で遊ぶ

16:00 夕食の準備、洗濯物をたたむ、
　　　長女の宿題チェック、習い事の送迎など

18:00 夕食&後片づけ

19:00 お風呂

20:00 子供就寝

20:30 ブログ作業、
　　　自分の時間など

24:00 就寝

Column 1

効率を考えたシンプルな
ドア外の活用法

マグネットが使えることを生かして、おしゃれに飾ってみませんか？　子供の学校からのプリントや自治体からもらうごみ出し表などは、どうしても生活感が出てしまいますね。「ここにあったら便利！」を実践中のブロガーさんのアイデアをご紹介します。

sumikoさん

ボード1枚で
一体感を

上からキッチンタイマー、ポットホルダー、鍋つかみ、鍋敷き。側面の縦置きは、動線を考えた位置関係。モノトーンで統一。

サチさん

冷凍する時には、
ここから取り出して

冷凍室の正面にマグネットポケット（キャンドゥ）を貼って、食材管理に使うシールとペンを収納。文房具を取りに行く手間を省いています。

まどなおさん

サッと使えて
掃除不要

マスキングテープ（Seria）＋ノック式油性ペンは賞味期限のメモに便利。裏に強力ボンドで小さいマグネットを貼って固定しています。

Part 2

冷蔵庫がおいしくしてくれる！
私の常備菜＆保存食

料理が苦手な人ほど、やってよかったと思う常備菜と保存食作り。作りすぎて、消費の義務感で失敗する人も多い作りおき。下味付き冷凍、あえるだけ、漬けるだけのシンプルな調理法なら、展開もいろいろできて日持ちもします。献立を考え、悩むことから解放！

シンプルがおいしい！

まとめ調理は家事の時短に！
シンプル調理こそ、おいしく、健康に

料理が苦手ゆえに敷居が高かった
"常備菜"や"保存食作り"。
やってみたら、「料理が苦手な人ほど、
やるべきだった」と実感！

※材料は作りやすい分量

凝った料理が苦手で、調味料もたくさんは管理できない……。だからこそ、「シンプルな味付けと調理法でも、時間をおくとおいしくなる」「栄養バランスがとりやすい」「まとめて作業するから時短」。

そんな、"常備菜作り"と"保存食作り"は、私にぴったりの家事システム。

スープに入れれば風味倍増
ハーブたら

材料
たら…3切れ
白ワイン…大さじ3
ハーブ塩…小さじ2
乾燥バジル…適量

作り方
1. たらは1切れを3等分程度にカットし、材料をすべてポリ袋に入れて冷凍するだけ！
★ にんにくと玉ねぎと好みの野菜を炒めたら、水とたらを加えて簡単スープに。アサリやサフランを加えてブイヤベースにしても。

魚も肉も冷奴にも！
万能えのきダレ

材料
えのき…1束
オクラ…5〜6本
ポン酢、塩、こしょう…各適量

作り方
1. オクラをゆでて薄い輪切りにする。
2. えのきを1cm長さにカットして鍋に入れて火にかけ、酒（分量外）を振り入れて、しんなりしたらザルにあげる。
3. 1と2をポン酢、塩、こしょうで和える。
★ こんがり焼きつけた鶏もも肉、ムニエルなど魚のソースに。冷奴やグリルした油揚げにも。

あまりがちなナムプラーを活用
アジアン鶏手羽先

材料

鶏手羽先…8本
ナムプラー…大さじ1
にんにく、しょうが
　（すりおろし）…各適量

作り方

1. 材料をすべてポリ袋に入れて冷凍するだけ！

★ 1つ1つバラせる程度に半解凍したら、フライパンなどで焼きつけて蒸し焼きにして火を通し、青梗菜やねぎなど野菜を追加して、さらに蒸し焼きにするのがおすすめ。2食分を一度に冷凍しておくと便利です。

もはやタレとは言えない存在感
桜海老のねぎダレ

材料

干し桜海老　　　　　葉ねぎ（小口切り）
　（酒を振りかけて戻す）　　…1束
　…大さじ2　　　　　みりん…大さじ1/2
しょうが　　　　　　しょうゆ…大さじ1
　（みじん切り）…1片　ごま油…適量

作り方

1. しょうが、葉ねぎをごま油で炒める。
2. 桜海老とみりんとしょうゆを1に混ぜ合わせる。

★ グリル野菜や冷奴、ひき肉を加えて麺類と合わせても。

日持ちもバリエーションもたっぷり！
夏の恒例 "薬味みそ"

材料

葉ねぎ…1束　　　　にんにく…1株
みょうが…2パック　らっきょう…40個
大葉…1束　　　　　みそ…750g

作り方

1. すべてをみじん切りにしてみそと混ぜるだけ。

★ 野菜スティックやホイル焼きの魚につけたり、焼きおにぎりにしても。いろんなものに使えるし、1ヵ月くらい日持ちがするので便利！　夏に毎年恒例で作っている薬味みそです。

家族が大好きな食材を知っておく。
満面の笑顔で
クレーム知らず！

いざという時の心強い味方、
冷凍作りおきを活用。
考えない、悩まないことは
家事の効率化を後押ししてくれます。

※材料は作りやすい分量

外注したい家事のNO・1は料理です。3人の育ちざかりの子供がいる私にとっては悩みの種。まずは、食卓に出せば家族が絶対喜ぶ食材を見つけておきます。ささっと調理できるので、お腹を空かせて「ごはん、まだぁー」からも解放され、どんなアクシデントにも焦ることなく対応できます。

合わないわけがない！
しらすチーズトースト

材料
しらす、ピザ用チーズ…各適量
マヨネーズ…大さじ1
牛乳…大さじ1
食パン…1枚

作り方
1. しらす・ピザ用チーズ各適量をボウルに入れ、マヨネーズ、牛乳を加えて混ぜる。
2. 食パンに塗って、オーブントースターで焼く。

超簡単お弁当の一品にも
ブロッコリーのごまソテー

材料
スティックブロッコリー…適量
しょうゆ…小さじ1
いり白ごま、ごま油…各大さじ2

作り方
1. ブロッコリー適量をさっとゆでて水けをきる。
2. フライパンにごま油を入れて温める。食べやすく切ったブロッコリーを入れて30秒ほど炒めたら、しょうゆを鍋肌から回し入れて、さっと炒める。
3. 仕上げにいり白ごまを入れる。

意外な組み合わせでおいしい
あおさと豆腐のチーズグラタン

材料
豆腐…1/2丁／みそ、マヨネーズ…各大さじ1／砂糖…小さじ1／あおさ、ピザ用チーズ…各適量

作り方
1. ボウルにみそ、マヨネーズ、砂糖を入れて、よく混ぜる。
2. 豆腐を手でつぶしながら1に入れ、混ぜ合わせる。
3. あおさを適量加えて軽く混ぜる。
4. 3を耐熱容器に入れ、ピザ用チーズをかけ、オーブントースターで10分焼く。

GRILLERで時短に
クリーミースコップコロッケ

材料と作り方
1. 玉ねぎ1個をみじん切りにする。じゃが芋2個をカットして、つぶせるようになるまでレンチン。
2. 熱したフライパンにバター大さじ1を入れ、1の玉ねぎを炒める。
3. 玉ねぎが半透明になったら、豚のひき肉100gを加えて炒める。
4. ひき肉に火が通ったら、砂糖大さじ3、しょうゆ大さじ1、みりん大さじ1、塩胡椒を加えて炒める。
5. 1のじゃが芋を温かいうちにつぶし、バター大さじ1と牛乳大さじ5を加え、クリーミーな質感になるまで混ぜる。
6. 5に4を加え軽く混ぜたものを耐熱容器に入れ、パン粉とピザ用チーズを振る。
7. オーブントースターで5分焼く。

栄養のバランスがいい
もやしと豚キムチの卵とじ

材料と作り方
1. フライパンにごま油、しょうが（チューブ1cm）、にんにく（チューブ1cm）を入れ、中火にかけて香りを出す。
2. 豚こま肉200gを炒め、色が変わったらもやし1袋を加える。
3. 酒大さじ1、みりん大さじ1、しょうゆ大さじ1、砂糖大さじ2を入れて炒める。
4. キムチをお好みの量加え、炒める。
5. 卵を溶いて流し入れ、軽く炒めて完成！小口切りの万能ねぎを散らす。

凝った作りおきをやめました！
冷凍保存食で、やる気がアップ！

冷蔵作りおきをやめてから、暮らしがぐっと楽になりました。応用が利くようにしておく方が、柔軟に対応できるんですね。

※材料は作りやすい分量

1週間分の献立を週末に考えて買い出しに。4品くらい常備菜を作り、食べ切ったらまた作って1週間乗り切る作戦。期限に追われる冷蔵作りおきはやめました。子供達のリクエストも変わってくるからです。炒めるだけ、煮るだけのお手軽なもの、特に野菜を使ったものも多いです。応用が利くのも嬉しいです！

冷凍も可！ 「万能肉みそ」を使って
なすの肉みそ炒め

材料

豚のひき肉…500g　　しょうゆ…大さじ3
長ねぎ…1本　　　　　みりん…大さじ2
しいたけ…4〜5個　　しょうがチューブ
（1パック分）　　　　…小さじ1
砂糖…大さじ2　　　　コチュジャン…小さじ2

作り方

1. 長ねぎとしいたけをみじん切りにする。
2. 熱したフライパンにごま油（材料外）を少量入れて、豚ひき肉の色が変わるまで炒める。
3. 2に1を入れて、さらに2分程度炒める。
4. 調味料をすべて入れて、汁けがなくなるまで炒める。

★ みその代わりにコチュジャンを使った簡単肉みそ。写真はなすと肉みそを炒めたもの。豆腐やピーマンと炒めてもおいしい。たくさん作って冷凍して常備。

子供も大好き！ 万能常備菜
キャロットチキンラペトースト

材料

にんじん…2本　　　　りんご酢…大さじ3
オリーブオイル　　　　はちみつ…大さじ3
　…大さじ3　　　　　塩胡椒…少々

作り方

1. にんじんをせん切りにする。
2. 調味料をすべて合わせたものをにんじんと和えたら完成。

★ 写真はトーストした食パンにハニーマスタードとマヨネーズを混ぜたものを塗り、サラダチキンと2をのせ、乾燥パセリを散らす。

「豚肉の塩麹漬け」を使って
煮豚

豚肉の塩麹漬け
材料と作り方
豚の角切り肉…200g
塩麹…大さじ2

1. 豚肉と塩麹を冷凍用保存袋に入れて袋の上からよく揉んでおく。》冷凍室で保存

煮豚
材料と作り方
豚の塩麹漬け…1袋
A【しょうがチューブ…小さじ1／水…250㎖／砂糖…大さじ3／しょうゆ…大さじ2／みりん…大さじ2／酒…大さじ2／だしの素…小さじ2】
ゆで卵…4個
油…適量

1. 豚の塩麹漬けを解凍する。鍋に油をしき、中火で熱したあと、豚肉の塩麹漬けを入れて表面がこんがりするくらい炒める。
2. 1にAを合わせたものとゆで卵を入れて、アクを取りながら30分程度煮込む。
3. 1時間程度置くと味が染みておいしい。

★ 塩麹に漬けておくことで、安い肉でも柔らかくジューシーに。

鶏肉のカレーヨーグルト漬け
材料と作り方
鶏むね肉…2枚
カレー粉(S&B)…大さじ2
ヨーグルト…250g

1. 鶏むね肉を一口大にカットし、冷凍用保存袋に入れヨーグルト、カレー粉を入れたらよく揉んでおく。》冷凍室で保存

「鶏肉のカレーヨーグルト漬け」を使って
バターチキンカレー

材料と作り方
カレー粉…大さじ2
バター…50g
トマト缶(400g)…2缶
生クリーム…200㎖
にんにくチューブ…小さじ2
しょうがチューブ…小さじ2
塩胡椒…少々

1. 鍋を熱して、バターを溶かし、しょうがチューブ、にんにくチューブを入れて香りを出す。
2. 1にカレー粉を入れて、弱火で焦げないように1〜2分程度炒める。
3. トマト缶を加えゆっくり混ぜたら、蓋をして3分ほど煮込む。
4. 3に鶏肉のカレーヨーグルト漬けを入れて、混ぜながら5〜6分程度煮込む。仕上げに生クリーム、塩胡椒を加えて完成。

少ない材料でサッと作れる！
簡単にできるから
リクエストが多い

常備菜にもおつまみにも合う簡単で
お気に入りの逸品。
冷蔵庫で冷やしてどうぞ！

※材料は作りやすい分量

あと1品ほしいけど、たくさん材料を切るのは面倒……という時に、材料1つだけ（もしくは2つだけ）でできるレシピが重宝します。冷蔵庫の「今週使う」ボックスの中や、半端に余ってしまった野菜などを使い切るのにもぴったり。簡単にできるのに、とてもおいしい！ おつまみにも合うものは嬉しいです。

子供も大好き、彩りがよくお弁当にも◎
にんじんのマリネ

材料
にんじん…1本
オリーブオイル…大さじ1
酢…大さじ1
塩…小さじ1/2
にんにくチューブ…1～2cmくらい

作り方
1. にんじんはピーラーで薄く剥く。
2. 鍋にたっぷりの湯を沸かし、1を10秒ゆでて、水けをしっかり切る。
3. ボウルに調味料をすべて合わせ、ゆでたにんじんを加えてあえる。

ワインのお供にも、お弁当にも使える
パプリカと大豆のマリネ

材料
パプリカ(赤)…1/2個
パプリカ(黄)…1/2個
大豆ドライパック…1缶
オリーブオイル…大さじ4
酢…大さじ2
しょうゆ…大さじ1
粒マスタード…大さじ1
砂糖…小さじ2
塩…小さじ1/2

作り方
1. パプリカは1cm角に切る。
2. 鍋にたっぷりの湯を沸かし、パプリカと大豆を1分ゆでて、水けをしっかり切る。
3. ボウルに調味料をすべて合わせ、2を漬け込む。

ワインにもビールにも合う
かぶと生ハムのサラダ

材料

かぶ…1/2個　　オリーブオイル
生ハム…適量　　　…適量
レモン…適量　　塩、こしょう…各適量

作り方

1. かぶは半分に切り、薄切りにする。
2. お皿にかぶと生ハムを少し重なるように並べる。ラップをして、かぶがしんなりするまで冷蔵庫に入れておく。
3. レモン汁とオリーブオイルを回しかけ、塩、こしょうで味付けする。レモンを飾る。

速攻おつまみ！
ちくわ明太あえ

材料

ちくわ…2〜3本
大葉…3〜4枚
明太子…適量
ごま油…適量

作り方

1. ちくわは縦半分に切り、7mm幅くらいに切る。
2. 大葉は細切りにする。面倒な時は手でちぎってもOK。
3. ちくわを明太子とごま油であえる。大葉をのせる。

オイル漬けで日持ちもする
焼きねぎのオイル漬け

材料

長ねぎ…2〜3本　　砂糖…大さじ1
しょうゆ…大さじ2　サラダ油…大さじ2
白すりごま　　　　ごま油…大さじ1
　…大さじ2

作り方

1. 長ねぎは5cm長さに切り、油なしでフライパンで焦げ目がつくまで転がしながら焼く。
2. 保存容器に調味料をすべて合わせ、焼きねぎを入れてあえる。

Column 2

ブロガーさんが選んだ
収納におすすめグッズコレクション

いろいろな意味で本当に使えるもの、ブログで反響があったもの……。Part1でご紹介したものですが、整理収納上手、暮らし上手が選ぶものは一味違いました。プラプラでコストパフォーマンスがいいことも嬉しい限りです。お気に入りのものに出会えるとテンションも上がります。

サチさん

ステンレスピンチ
「これは使える！」と思ったのがこれ。場所を取らず、使いかけの袋物が引っかけられます。目線に入ると使い忘れも防げますね。

sumikoさん

A7チャック付ポリ袋厚手
こまごまとした冷凍物の整理にはこれが便利。ラップで包むよりも、ゆるんだり、こぼれ落ちる心配もありません。

フリーザーバッグ
開閉のしやすさが時短に。100均のものですが、冷凍保存食に必需品。保存袋をいろいろ試した結果、これに落ち着きました。

ボウル＋ざる＋プレート
ラバーゼのものを愛用しています。冷却効果があるので、冷蔵室に入れた生野菜もパリパリに！　蓋も活用でき、汚れも目立ちません。

| まどなおさん | MIさん |

お料理小皿角・お料理バット小
小さい野菜も埋もれず、空になってもそのまま重ねておけます。省スペースにまとめられ、大きな野菜もOK。(Seria)

バターケース　丸型
カットバターを入れているお気に入り（バターナイフ付き　柴田慶信商店）。忙しい朝でも、テンションが上がります！

冷凍庫スタンド
食品の大きさに合わせて、スライドできるのが高得点ポイント。倒れ込みもなく、立てる収納にはこれに決まり！（吉川国工業所）

パウダーポット
ころんとした形がかわいい！　片手で取り出し、開閉ができるので使いやすい。食卓へそのまま出してもおしゃれ。biiteのもの。

IDEAL 404保存容器
粉状、顆粒状の調味料を詰め替えてスタッキング。口が広く中身をすくいやすい。3個100円！　コスパがいい。（キャンドゥ）

持ち手付きトレー
おじろ角物店のトレーに、箱買いの卵を。「冷蔵庫の中でも使えますよ」の一言で、愛用するようになりました。

Column 3

ブロガーさんが選んだ掃除に欠かせないアイテムを一挙公開！

冷蔵庫のお掃除はどうしていますか？ 冷蔵庫内の見晴らしがよくなったタイミング、宅配スーパーが届く前日、スーパーに買い出しに行く前日……。掃除のチャンス到来ですね。小さな積み重ねで最大の効果が生まれると思いながら、日頃から習慣にしておきましょう。

サチさん

洗って使えるペーパータオル スコッティファイン

かなりの水分を吸収してくれる、くり返して何回も使えるので便利。食器拭きから掃除まで、いろいろな場面で使えます。

sumikoさん

JMジェームズマーティン フレッシュサンタイザー

除菌・においのもとへの対策がこれ1本で解決！ 週一でリセットする部分が多い。天然由来の抗菌剤配合で除菌効果がパワーアップ！

ドーバー パストリーゼ77

除菌・防カビ・消臭用アルコールスプレー。ペーパータオルに吹きかけて、気がついた場所に即対応。スプレー式はリピート率が高い。

冷蔵庫上にサランラップを敷きつめています！

掃除グッズではないのですが、ベタベタなホコリが手強い冷蔵庫上。大掃除で、一瞬で剥がし取れるようになったので超時短！

ドーバー パストリーゼ77

いろいろな場所で大活躍。このアルコール製剤は、除菌のほか消臭にも力を発揮してくれます。安心・安全な暮らしを心がけています。

Sourif（スリーフ）

除菌&消臭がこの1本でできます。見た目もおしゃれなのでキッチンに常備。食品に直接スプレーしても安心な成分で作られています。

セスキの激落ちくん

油汚れ、手垢汚れをサッと落とせるので、冷蔵庫のドアや側面を拭くのに使っています。コンロ周りの掃除にも。

MQダブルクロス グレー／クリーム

汚れ落としと磨き上げ、1枚2役の便利グッズ。「スリーフ」とセットで、冷蔵庫の棚、扉の掃除に活躍しています。

Column 4

適材適所にラベリングコレクション

食材名や保存日、賞味期限をラベリングする習慣は、定着してきています。手書きやP-TOUCH-CUBEなどを使っている人が多いですね。家族などに物の住所を知らせるためにも、食材の分類整理をするためにも、片づけが上手になるための基本ルールと思います。

シールに食材名を書いて貼り付ける王道のやり方。冷凍室外にセットしておくことでストレスフリー。

チョークボードシール＋ポスターカラー。メラミンスポンジでサッと消せて、はがれず長持ち。

冷蔵室のボックスをグルーピング。子供達へのメッセージも付けることで、ルールが守れています。

よく使う調味料には、外側にもラベリング（上段）して定位置管理。誰が使ってもここへ戻せます。

野菜室の手前の大きな調味料に、商品名と賞味期限を。上からのぞいた時にすぐにわかります。

「薬味」という大きなくくりでも、住所を決めておくと後がラク。他の場合の取りはずしも可能。

ドアポケットのよく使う調味料。包装のままより断然使いやすい。揃えることで一目瞭然！

ドアポケットに琺瑯容器に入れたみそ2種類をラベリングして常備。ここが定位置という印は外にも。

「粉類」、「今週使う」のボックスは毎日見る場所にキープ。食材の無駄もなくなりました。

ドアポケットにラベリング。調味料の定位置化は、自然と物が定位置に戻ります。

番外編

卵は専用ケースに入れる派、入れない派?

卵の収納はどうしていますか? 当然のようにドアポケットの専用ケースに入れる人が多いと思います。在庫管理に支障をきたさなければ、そのままで大丈夫! 今回、冷蔵室に収納しているケースも見られ、それには理由がありました。

サチさん

チルド室にパックの蓋の部分を切って、2パックをジャストフィット収納。買ってきてドアポケットの専用ケースに1個ずつ移すのが面倒。付属の卵ケースは破棄しました。

sumikoさん

ぴったり収まるケースに、パックの蓋だけ切って2段に収納。そのままキッチン台へ移動できるので便利。専用スペースは市販の卵のパックとは大きさが違うので使いません。

まどなおさん

我が家はこの王道の使い方。調理の時の動線もいいので、不便は感じません。ボックスが増えるとスペースを取るし、かえって面倒なことに。自分スタイルを続けています。

MIさん

冷蔵庫OKのおしゃれなかごを使ってピクニック感覚で。キッチン、食卓のシーンにもマッチング。「紀州うめたまご」を箱買いしているので、この形に落ち着きました。

80

Part 3

島本先生教えて！
冷蔵庫のおいしい知恵袋

10年前に比べて格段に見た目も性能も進化して、違いがわかりにくくなっている冷蔵庫の世界。基本に返って、本来の役割をきちんと把握しておくことが大切です。知っているようで知らない冷蔵庫の本音。今日から常識が変わります！

監修
島本美由紀（しまもと・みゆき）
料理研究家・ラク家事アドバイザー

実用的なアイデアが好評でテレビや雑誌を中心に活躍し、冷蔵庫収納や食品保存本など著書は50冊を超える。2018年「食エコ研究所」を立ち上げ、冷蔵庫収納と食品保存を学べるスクールも運営している。

目からウロコの冷蔵庫のトリセツ

冷やすしくみから正しい選び方まで素朴な疑問にお答えします。基本を知っておけば、食材の無駄もなくなり、電気代も削減できて家事もラクになります。

なぜ、冷やすことができるの？

冷蔵庫の中の冷たい空気は気化熱で作っています。気化熱とは、液体が気体になるときに周囲の熱が奪われて冷えること。注射のアルコール消毒でスーッとするのと原理は同じ。冷蔵庫の壁にある管(くだ)の中の冷やすために使うガスを、コンプレッサーで圧縮して圧力と温度の高い気体にします。さらに熱を外に逃がして液体にし、液体の圧力を下げると気体に戻ります。このときに周囲の空気から熱を奪い、その冷えた空気をファンで冷蔵庫内に送るというしくみ。ガスを液体にしてまた気体に変えることで冷やしているというわけです。

電気代ってどうなっているの？

日進月歩で技術革新が続き、24時間稼働している割には、電気代も安くなってきています。それには省エネ機能が充実してきたことがうれしい要因です。インバーター、節電モード、真空断熱材、LED照明で効率よくと各メーカーが謳っています。

基本的にはサイズが大きくなるほど、消費電力も増えていくのが当たり前と思われがちですが、冷蔵庫に限っては違います。特に節電タイプなら大きい方が、消費電力が下がるということは注目すべきことです。世帯人数に適したサイズと決めつける必要はありません。ひとつ大きめのサイズを選択肢に入れることも視野に入れておきましょう。大は小を兼ねるといいますよね。

どうやったら節約できるの？

ドアの開閉時間と回数に注意！

省エネ機能がついているからと安心してはいけません。ドアを頻繁に開けたり、長時間開けっ放しにしたり……。どなたにも経験はありますね。それは中の冷たい空気が出てしまう代わりに、外の暖かい空気が入り込んできます。そうすると食材が傷みやすくなるばかりか、コンプレッサーが冷やすことを急いでしまい、故障になりかねません。冷蔵庫から聞こえる大きな音や振動は、コンプレッサーから送られる危険信号なのです。

冷蔵室は7割収納、冷凍室はパンパン

これは効率よく冷気を回すためのルールです。冷蔵室の1/3を空けるイメージです。また、冷気の吹き出し口、照明の近くに物を置くのも厳禁。ふさいでしまうと冷気が回らなくなるため、食材も傷みやすくなります。

一方、冷凍室はパンパンにして正解！反対に物が少ないと冷やそう、冷やそう！と余計電気代がかかってしまうのです。

何を基準に選べばいいの？

ライフスタイル、動線、設置する場所によっても変わってきます。世帯人数、設置する場所によっても変わってきます。片開き（右開き、左開き）、両開き（右左どちらからでも開く）、観音開き（フレンチドア）、この3つのタイプがあります。**動線を考えて選ぶ**ことをお勧めします。引っ越し先に持っていったら使えなくなったという話もよく聞きます。観音開きタイプは、片方だけを開けるから冷気も逃げにくく、電気代の削減にもつながります。キッチンが狭い人にも物が探しやすいでしょう。

Attention ご注意！

- 冷蔵庫を設置するときは、壁との間に空間を作ること。横2㎝以上、後ろ10㎝以上、上部を開けておくと、放熱部分がふさがれることなく、熱が逃げてくれます。
- 他の食材が傷んでしまうので、温かいものは粗熱を取ってから入れましょう。
- 熱くなっている放熱場所の近くには、物を置かないようにしましょう。

「機種によって放熱の場所が異なりますので、取扱説明書をご確認ください」

各部屋の最適な使い方と活用方法

部屋ごとに役割は決められています。設定温度、食材の適材適所をしっかりと把握して、家事の時短をめざしましょう。機種によっても変わる場合がありますので、あくまでも一般知識としてご参考になさってください。

> 上手に保存、意外な活用法で、もっと冷蔵庫が使いやすく、寿命も長持ちする！

ドアポケット 4〜8℃

入れていいもの
飲み物、よく使う調味料など

Column
ドアポケットに食材以外で保存するといいもの

坐薬、目薬など一部の薬
＊「要冷蔵」と明記してあるものに限りますので、説明書をご確認ください。

野菜室 5〜8℃

入れていいもの
野菜や果物など

Column
季節で変える温度設定

夏場は「中」、冬場は「弱」で充分です。夏場はガンガン冷やそうと「強」にしがちですが、冷やしすぎも乾燥が進んでよくありません。まして電気代がかさむだけです。冬場は反対に外が冷えているので、「弱」にしておきましょう。正しい設定温度は節電にもつながります。

＊機種により部屋の位置・呼称・設定温度が異なる場合がありますので、取扱説明書をご確認ください

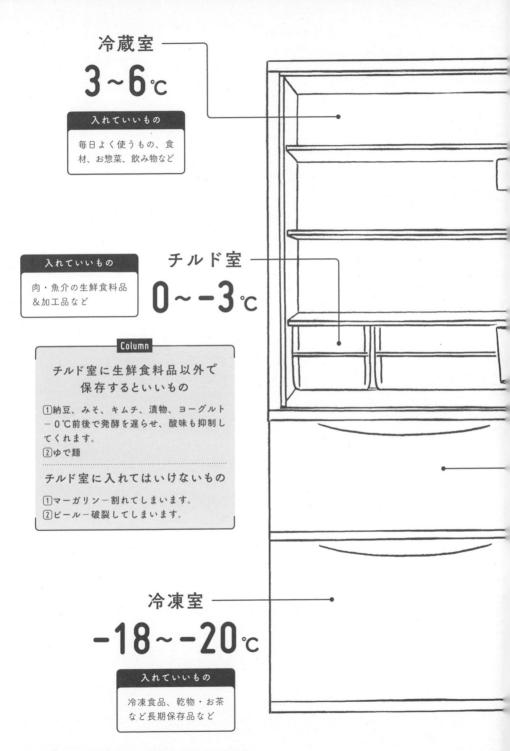

Column

使いこなし㊙情報

冷蔵庫ってすごい！こんなこともできる

冷蔵庫内の乾燥を生かして干物ができます。作り方は簡単！ ①開いたあじを塩水に1時間ほど漬けておく。②水分をキッチンペーパーでふき取る。③ザルにのせ、ラップなしで冷蔵室に入れておく。1日で一夜干し、2日でしっかりとした干物ができ上がります。

残りがちな小袋調味料をおいしく使い切る方法

納豆のたれ、うなぎのたれ、がり（しょうがの甘酢漬け）、おろししょうが、おろしわさび……。使わないからと捨てずに取っておく方が多いのではないでしょうか？ あっという間に1ヵ月が経過してしまい、使って大丈夫かしらと不安になることもしばしば。そこで、私がとっておきの方法をご紹介します。

納豆のたれ
お浸し、だし巻き卵、スープの調味料代わりに

うなぎのたれ
肉そぼろの調味料代わりに

がり
納豆に混ぜる、卵焼きに入れる

おろしわさび
ポテトサラダの隠し味に、バニラアイスクリームにちょい足し

おろししょうが
紅茶に入れてジンジャーティー、はちみつと一緒に塗ってジンジャーハニートーストに

保冷剤の活用法で効率よく調理

どんどんたまっていく悩みの種のひとつですね。溶けてもくり返し使えるので、10個くらいあれば充分です。使い道として、お弁当に添える以外に、麺をゆでて氷でしめるかわりに、またサラダをパリッとさせるのにも保冷剤を使うといいでしょう。必ずビニールタイプのものを使用してください。使わない保冷剤は、デパートやスーパー、地方自治体などの回収ボックスへ。

掃除

掃除はこれだけで大丈夫！日々の積み重ねがキレイを保つ

口に入っても害のない、暮らしの身近にあるエコ洗剤を使うとよいでしょう。液だれなら、冷タオルだと汚れが落ちにくいので温タオルで充分です。

酢水
においが気になるとき、除菌したいとき。作り方は穀物酢1：水5が基本の割合。まな板、包丁などキッチン周りで使えます。

重曹水
油汚れ、手あか汚れに。作り方は重曹小さじ1に水100mlが基本の割合。水と混ぜると洗浄力アップ！脱臭、ヌメリ除去にも効果があります。

キッチン用アルコール除菌クリーナー
乾いたきれいなタオルに吹きかけてあらゆる場所に使える便利なもの。食材が空になったタイミングでササッとふいておくと手間もかかりません。

＊どちらも市販のスプレーボトルに入れておくと使いやすいです。

庫内のにおいが気になるという方に朗報！

使い捨てカイロ
使用後そのまま入れておくと、活性炭がにおいを取ってくれます。冷蔵室の脱臭・乾燥に効果を発揮してくれるのは嬉しい限り。使い終わったら活用して。

重曹
空きびんに入れて庫内に入れておくと消臭効果が！においのたまりやすい冷蔵室の下段に置いておくと効果的です。

冷蔵・冷凍保存の基本

冷蔵・冷凍でどのくらい日持ちするの？ 栄養素は逃げないの？ 食材によって悩むことが多いと思います。ここでは冷蔵・冷凍の方法から解凍まで、お問い合わせが多い食材を中心にダイジェスト版でご紹介します。

肉・肉加工品

食材	スペース	期間の目安	保存方法	解凍方法
薄切り肉（牛肉・豚肉）	冷凍	約1ヵ月	数枚ずつずらして重ねて小分けにし、ラップで包み、冷凍用保存袋に入れて空気を抜く。	冷蔵室で解凍する。翌日使う場合、前日の晩に入れるのが望ましい。
ひき肉（牛肉・豚肉・合いびき）	冷凍	3週間	冷凍用保存袋に直接入れる。薄く平らにし、箸などで袋の上から筋を入れる。使うときは、凍ったまま、筋のところでパキッと折って使用する。	冷蔵室で解凍する。翌日使う場合、前日の晩に入れるのが望ましい。
鶏もも肉（切り身）	冷凍	約1ヵ月	一口大または½に切る。塩と酒を振って、水分をふき取る。小分けにしたものをラップで包み、冷凍用保存袋に入れて空気を抜く。	冷蔵室で解凍する場合、前日の晩に入れるのが望ましい。翌日使う

穀類	魚介・海産物		乳製品	
ごはん・パン	しらす・ちりめんじゃこ・たらこ	魚の切り身	シュレッドチーズ・スライスチーズ	ハム・ベーコン・ソーセージ
冷凍	冷凍	冷凍	冷凍	冷凍
1ヵ月	約1ヵ月	約1ヵ月	約1ヵ月	約1ヵ月
ごはん：温かいうちに1食分ずつラップで包み、冷ましてから冷凍用保存袋に入れる。パン：1枚ずつラップで包み、または1個ずつラップで包み、冷凍用保存袋に入れて空気を抜く。	使いやすい量を小分けにしてラップで包み、冷凍用保存袋に入れて空気を抜く。	塩と酒を振ってしばらくおき、水分をふき取る。1切れずつラップに包み、冷凍用保存袋に入れて空気を抜く。	シュレッドチーズ（ピザ用チーズ）：購入時の袋のまま、または袋から取り出し、冷凍用保存袋に入れる。スライスチーズ：冷凍用保存袋に入れる。＊粉チーズは常温保存する。	ハム・ベーコン：1〜2枚ずつラップに包み、冷凍用保存袋に入れて空気を抜く。ソーセージ：丸ごと、または食べやすく切って、冷凍用保存袋に直接入れて空気を抜く。
ご飯はレンジ解凍、パンは凍ったまま解凍、トースターで加熱する。	冷蔵室で解凍、または凍ったまま調理する。	冷蔵室で解凍する。翌日使う場合、前日の晩に入れるのが望ましい。	凍ったまま調理する。	冷蔵室で解凍、または凍ったまま調理する。

食材	スペース	期間の目安	保存方法	解凍方法
実野菜／葉茎野菜 きゅうり・なす・ピーマン・トマト・ブロッコリー	冷蔵	10日	トマト…ラップで1個ずつ包み、保存袋に入れる。 きゅうり…1本ずつキッチンペーパーで巻いて、保存袋に入れる。 ブロッコリー…水を入れたグラスにさし、ポリ袋をかぶせて輪ゴムで固定する。	
葉野菜 ほうれんそう・小松菜・青梗菜	冷凍	約1ヵ月	根元を切り落とし、水洗いして水分をふき取る。ざく切りにして、冷凍用保存袋に入れて空気を抜く。	凍ったまま調理する。
	冷蔵	10日	葉先を上にしてポリ袋に入れ、ケースに立てて保存する。	
穀類 精米	冷凍	精米から1〜2ヵ月	二重にした保存袋または清潔なペットボトルに入れる。	凍ったまま調理する。
	冷蔵	精米から1〜2ヵ月	大きめの保存袋または清潔なペットボトルに入れる。野菜室で保存。 ＊冷蔵は一定温度で気密性があり、炊き上がりも違う。	

根野菜				
ごぼう・さつま芋・じゃが芋				
冷凍	冷蔵		冷凍	
1ヵ月	ごぼう 10日 さつま芋 1ヵ月 じゃが芋 3ヵ月（夏期）		約1ヵ月	
使いたい大きさに切り、水にさらして水分をふき取ってから冷凍用保存袋に入れる。	新聞紙で包み、ポリ袋に入れ、野菜室で保存する。		きゅうり：薄い輪切りにして塩もみし水分を絞る。小分けにしてラップで包み、冷凍用保存袋に入れる。なす：使いたい大きさに切り、水にさらしてアク抜きをする。水分をふき取り、冷凍用保存袋に入れる。ピーマン：ヘタと種を取る。使いたい大きさに切って冷凍用保存袋に平らにして入れる。トマト：丸のまま、または粗みじん切りにして冷凍用保存袋に平らにして入れる。ブロッコリー：蕾は小房に分け、茎は皮をむいて薄切りにして冷凍用保存袋に入れる。	
凍ったまま調理する。			きゅうりは常温において自然解凍。他は凍ったまま調理する。	

ブロッコリー

食材	スペース	期間の目安	保存方法	解凍方法
きのこ類 しいたけ・しめじほか	冷蔵	約1週間	キッチンペーパーで包んで保存袋に入れる。	
きのこ類 しいたけ・しめじほか	冷凍	1ヵ月	しいたけ：軸を取りかさのまま、または使いたい大きさに切って冷凍用保存袋に入れる。石づきや根元を切り落とし、小房に分けて冷凍用保存袋に平らにして入れる。	凍ったまま調理する。
もやし	冷蔵	8日	たっぷりの水を入れた保存容器で保存する。2日に一度、水を取りかえる。	
もやし	冷凍	2〜3週間	洗ってよく水分をふき取り、冷凍用保存袋に入れて空気を抜く。未開封なら購入時のままでもOK。	凍ったまま調理する。
大豆製品 豆腐	冷蔵	賞味期限内	残ってしまったら、保存容器にひとつまみの塩を入れ、その中で保存する。塩水は毎日取りかえる。	
大豆製品 豆腐	冷凍	2〜3週間	使いたい大きさに切り、冷凍用保存袋に入れる。未開封なら購入時のままでもOK。	凍ったまま、または冷蔵室で解凍する。

洋菓子		和菓子		果物			納豆
ケーキ・シュークリーム・パウンドケーキ		大福・まんじゅう・カステラ		バナナ(夏期)・アボカド・レモン			納豆
冷凍	冷蔵	冷凍	✗冷蔵	冷凍	冷蔵	冷凍	冷蔵
約1ヵ月	消費期限内	約1ヵ月		1〜2ヵ月 *バナナとアボカドは1ヵ月	1週間	1ヵ月	賞味期限内
1個ずつラップで包み、保存容器に入れる。フルーツは取り除く。	空気に触れないように、箱ごと、またはラップに包む。	1個ずつラップで包んで、冷凍用保存袋に入れる。	硬くなるので不向き。	バナナ：皮をむき輪切りにして、冷凍用保存袋に平らにして入れる。アボカド：一口大に切り、レモン汁をかけて冷凍用保存袋に入れる。レモン：くし形切りにしや冷凍用保存袋に入れる。	野菜室で保存。1個ずつ、または1本ずつラップで包み、冷凍用保存袋に入れる。	パックのまま、冷凍用保存袋に入れて空気を抜く。	チルド室で保存。
冷蔵室で解凍する。		常温に20〜30分程おいて自然解凍。夏場は冷蔵室で解凍。		バナナは凍ったまま調理する。アボカドとレモンは常温において自然解凍。		冷蔵室で解凍する。	

冷凍でこれだけは覚えておきましょう

野菜は生のまま冷凍して大丈夫なの？

以前は、野菜はゆでて冷凍が常識でしたが、ゆでる際に栄養素が流れ出てしまうので、生のまま冷凍した方が野菜の栄養素をキープしてくれます。さらに、根菜は冷凍によって細胞壁が壊れて火の通りが早くなり、きのこは冷凍によりうまみがアップ。アクのない小松菜やピーマンなどは、自然解凍して水けを絞れば、ゆでた食感と同じになるのでお浸しに。生のまま食べやすく切って冷凍しておくだけで、おいしく時短料理が作れます。

必ず保存日を書きましょう

冷凍するときに保存日を明記します。約1ヵ月日持ちするからと安心して、冷凍室に入れたことを忘れてしまうこともしばしば。定期的に点検することも大切です。また、1ヵ月後の賞味期限を明記するのもOK。

冷凍のタイミング

賞味期限ギリギリで冷凍室へ移したことありませんか？　冷凍のポイントは栄養素もうまみも逃がさず、いかに短時間で凍結させるかなのです。なるべく新鮮なうちに冷凍する、これがおいしく長持ちさせる秘訣です。

素早く凍結させるには？

「小分け」「小さく切る」「薄くする」ほか、急速冷凍室のアルミトレーにのせるのがよいでしょう。アルミトレーは熱伝導がよく、急速冷凍を可能に。完全に凍ったら冷凍室に移すとよいでしょう。

Profile

sumiko

千葉県在住。子供の誕生で一変した暮らしを機に、体力の衰えた高齢ママでもこなせる家事の仕組みと、暮らしやすいインテリアスタイルを模索。その記録を綴ったブログ「コレカラ」、またインテリアコーディネーターとして、ライフスタイル記事をメディアにて執筆中。

http://korecara.blog.jp

MI

中学生2児の共働き母。北欧暮らしを目指してインテリアだけでなく、家族みんなが使いやすい収納作り、少しの工夫でセンスよく暮らすヒントが人気のブログに。著書『めがねとかもめと北欧暮らし。』(宝島社) ほか。アメブロ公式トップブロガー。

https://ameblo.jp/61680318/

サチ

1976年生まれ。鹿児島県在住。整理収納アドバイザー1級、整理収納教育士。大人気ブログ「IEbiyori」にて、片づけや整理収納アイデアを発信。効率的で暮らしに寄り添う家事の仕組み作りが人気。著書『めまぐるしい毎日でも暮らしが回る 50点家事』(ワニブックス) ほか。

http://iebiyori.blog.jp

まどなお

1983年生まれ。兵庫県在住。整理収納アドバイザー1級。人気ブログで、片づけが苦手な人でも気持ちよく暮らすための収納アイデアと暮らしの工夫を提案 (月間130万PV)。著書『いつでも「きれいな部屋」になる 片づけベタでもできるやさしい収納』(大和書房)。

http://itsudemo-home.blog.jp

Staff

撮影　sumiko、サチ、n、まどなお
デザイン　吉村 亮、大橋千恵(Yoshi-des.)
イラスト　嶽 まいこ
校閲　戎谷真知子

お問い合わせ先
Seria　☎0120-188-581
ダイソー　☎082-420-0100

人気ブロガーさんちの
最強プチプラ収納術
幸運を
引き寄せる
冷蔵庫

2019年7月17日　第1刷発行

著者　sumiko、サチ、MI、まどなお
発行者　渡瀬昌彦
発行所　株式会社　講談社
　　　　〒112-8001
　　　　東京都文京区音羽2-12-21
　　　　販売　Tel.03-5395-3606
　　　　業務　Tel.03-5395-3615
編集　株式会社　講談社エディトリアル
　　　代表　堺 公江
　　　〒112-0013
　　　東京都文京区音羽1-17-18
　　　護国寺SIAビル
　　　編集部　Tel.03-5319-2171
印刷所　凸版印刷株式会社
製本所　株式会社　国宝社

定価はカバーに表示してあります。
落丁本・乱丁本はご購入書店名を明記のうえ、講談社業務宛にお送りください。
送料小社負担にてお取り替えいたします。なお、この本についてのお問い合わせは、講談社エディトリアル宛にお願いいたします。
本書のコピー、スキャン、デジタル化等の無断複製は著作権法上での例外を除き禁じられています。本書を代行業者等の第三者に依頼してスキャンやデジタル化することはたとえ個人や家庭内の利用でも著作権法違反です。

ISBN978-4-06-516546-1　N.D.C.597　95p　21cm
©sumiko、サチ、MI、まどなお 2019
Printed in Japan